La réglementation du secteur des hydrocarbures en RDC

Collection « Études africaines »
dirigée par Denis Pryen et son équipe

Forte de plus de mille titres publiés à ce jour, la collection « Études africaines » fait peau neuve. Elle présentera toujours les essais généraux qui ont fait son succès, mais se déclinera désormais également par séries thématiques : droit, économie, politique, sociologie, etc.

Dernières parutions

Jean-Claude TCHEUWA (dir.), *Les organisations internationales africaines. Regards croisés et défis contemporains,* 2022.

Charlemagne SEGBEDJI, *Afro-brésiliens et processus de patrimonialisation dans le sud du Bénin. De la fin du XIX*^{e} *siècle à nos jours,* 2022.

Guy Saturnin TSÉTSA, *Guide pratique de la saisie immobilière en droit Ohada*, 2022.

Ben Aymar BINASSOUA YEHOUESSI, *L'impôt en Afrique de l'Ouest francophone. L'exemple du Bénin,* 2022.

Fatoumata KABA, *Le droit minier et le droit au développement des communautés autochtones. L'exemple de la Guinée*, 2022.

Nico Shambouy MUAMBI, *L'impact de la décentralisation sur les municipalités en Afrique. Stratégies de développement local à Klouékanmè (Bénin)*, 2022.

Joseph ZIDI, *Histoire et usages du nom Kongo, Essai d'interprétation onomastique*, 2022.

Mohamed Ousmane KEITA, *Le Mali : l'État inachevé*, 2022.

Dominique OBA et Hilaire Kevin NZOUSSI, *Histoire de la République du Congo de 1958 à 2017*, 2022.

Saliou dit Baba DIALLO, *Vieillir en migration. Le cas des Soninké,* 2022.

MUKENDI MUKENDI NTANTAMIKA

La réglementation du secteur des hydrocarbures en RDC

Guide de lecture à l'usage du décideur public, de l'entrepreneur et du citoyen

L'Harmattan

Du même auteur :

- *Droit des ressources naturelles : éléments d'élaboration, d'analyse et d'évaluation des lois*, éditions l'Harmattan, 2019.
- *Droit à la nationalité congolaise d'origine : Critère de reconnaissance, du passéisme haineux à l'humanisme moderne*, éditions l'Harmattan, 2021.

5-7, rue de l'École polytechnique, 75005 Paris

www.harmattan.fr

ISBN : 978-2-14-029859-2
EAN : 9782140298592

INTRODUCTION

Dans le but de relancer son secteur d'hydrocarbures, la RDC s'était dotée d'une nouvelle règlementation en la matière, soit la loi n°15/012 du 1ier août 2015 portant régime général des hydrocarbures et le décret n°16/010 du 19 avril 2016 portant règlement d'hydrocarbures. Ces deux textes constituent le cadre juridique de base du secteur d'hydrocarbures, dont la bonne gouvernance requiert de toutes les parties prenantes une bonne compréhension des règles prescrites.

Ainsi, cet ouvrage se conçoit comme un outil didactique qui aidera les *décideurs publics* à mieux interpréter et appliquer les dispositions légales et règlementaires, les *investisseurs* à mieux comprendre le cadre juridique de leurs activités et les *citoyens* à mieux connaitre et défendre leurs droits fondamentaux, de sorte que soient assurées la bonne gouvernance du secteur des hydrocarbures et sa relance, sur base d'une démocratie participative efficiente et efficace.

Le présent ouvrage s'ouvre sur une partie préliminaire qui, pour souligner l'importance socioéconomique de la nouvelle règlementation du secteur des hydrocarbures et sa pertinence, décrit le contexte de son élaboration (*Titre I*) ; puis entrant dans le vif du sujet, il fait un exposé analytique de son contenu légal et règlementaire (*Titre II*).

Bien que par endroit il puisse en jaillir des questions suggérant une réflexion profonde, cet ouvrage n'est pas une étude doctrinale savante destinée à la recherche scientifique. Tout lecteur intéressé pourra y trouver une explication des règles qui le renseigne sur la structure du secteur des hydrocarbures, le cadre institutionnel des activités d'hydrocarbure, les procédures d'accès à ces activités, les obligations et les droits qui en découlent pour toutes les parties prenantes, ainsi que les régimes des contentieux et des sanctions.

TITRE I
PRELIMINAIRE CONTEXTUEL

Avant de procéder à l'analyse de la nouvelle réglementation des activités d'hydrocarbure en RDC, nous devons en souligner l'importance socioéconomique par un aperçu du potentiel pétrolier et gazier, dont il encadre la mise en valeur *(Chapitre 1)* ; ensuite, un exposé des axes stratégiques de la réforme sectorielle, dont elle est le fruit en démontrera la pertinence (*Chapitre 2*)

CHAPITRE I
APERÇU DU POTENTIEL PETROLIER DE LA REPUBLIQUE DEMOCRATIQUE DU CONGO

La RDC dispose d'un immense potentiel pétrolier et gazier représenté par trois bassins sédimentaires (*Section 1*) et un important gisement de gaz méthane (*Section 2*), dont la mise en valeur peut en déduire des réelles opportunités d'investissement (*Section 3*)

Section 1
LES BASSINS SEDIMENTAIRES

Les bassins sédimentaires ouverts à l'exploration sont regroupés en trois catégories : le bassin côtier (*§1*), la cuvette centrale (*§2*) et la branche occidentale du Rift est-Africain (*§3*)

§1 Le bassin côtier

1 Situation géographique

Le bassin côtier est la partie congolaise de la côte africaine de l'océan Atlantique, constituant une marge continentale passive, c'est-à-dire la zone de transition entre la croûte continentale et la croûte océanique. Il est le prolongement des côtes angolaise, gabonaise et congolaise.

2 Potentialités pétrolières, gazières et bitumineuses

Le bassin côtier contient des gisements d'hydrocarbures *off shore* et *on shore*, comprenant des réserves du pétrole, du gaz associé ainsi que du bitume.

En offshore, les réserves pétrolières sont actuellement estimées à 155.000.000 de barils et celles du gaz associé à 20 milliards de mètre cube. L'exploitation pétrolière s'y limite aux eaux intérieures, en attendant l'aboutissement de la négociation sur la Zone d'Intérêt Commun (ZIC) et la délimitation des frontières maritimes avec la République d'Angola pour une ouverture du territoire congolais jusque sur le Plateau Continental en offshore profond, selon les principes du droit maritime international.

En *on shore*, le bassin côtier comprend 6 blocs en cours d'exploration: *Yema, Matamba, Makanzi, Ndunda, Lotshi, Nganzi et Mavum.* Les réserves pétrolières y sont estimées à 20.000.000 de barils, celles du gaz associé à 10 milliards de mètre cube et celles du bitume à 800.000.000 de tonnes.

§2 La cuvette centrale

1 Situation géographique

La cuvette centrale est une zone de dépression topographique couvrant les Provinces de *Mai-Ndombe*, du *Kwilu*, du *Kasai-central*, du *Kasai Oriental*, du *Kasai*, du *Sankuru*, du *Lomami*, de la *Tshuapa*, et de la *Tshopo* ; elle représente une superficie de 750.000 Km2.

2 Potentialités pétrolières

La cuvette centrale est un bassin sédimentaire inexploité, elle est constituée de 21 blocs ouverts à l'exploration, disséminés sur toute sa superficie.

3 Les bassins de la branche occidentale du Rift-Est africain

3.1 Situation géographique

Les bassins sédimentaires du *Rift-Est* africain longent la partie orientale de la RDC comprenant les provinces de l'ITURI, du Nord-Kivu, du Sud-Kivu et de Tanganyika.

Ainsi nous avons :

- le bassin du Graben Albertine situé dans la zone des lacs Albert et Édouard. Il est subdivisé en cinq blocs ouverts à l'exploration ;
- le bassin du Graben du lac Tanganyika provisoirement subdivisé en neuf blocs ;

3.2 Potentialités pétrolières et gazières

Dans leur ensemble, les bassins sédimentaires du *Rift-Est* africain ne sont explorés qu'en partie.

Aucun forage n'a été exécuté à ce jour dans la partie congolaise des Grabens en question. Des travaux y ont été réalisés en matière de géophysique, de sismique et de gravimétrie, et des indices de surface ont été identifiés ; actuellement l'exploration s'y poursuit par des entreprises étrangères opérant en collaboration avec les experts du ministère des hydrocarbures.

Dans le Graben du lac Tanganyika, cette exploration a mis à jour plusieurs niveaux des roches mères riches susceptibles de générer les hydrocarbures, les indices de surface au large du *Cap-Kalamba*, ainsi qu'une présence de roche de couverture et de nombreux roches réservoirs et pièges.

Section 2
LE GISEMENT DE GAZ METHANE DU LAC KIVU

Le Lac Kivu renferme une énorme quantité de gaz méthane et de dioxyde de carbone dissous dans l'eau dont les réserves sont évaluées respectivement à 65 milliards et 250 milliards Nm^3. Il se recharge continuellement en gaz avec un taux de 250 millions Nm^3 par an. Ce taux a augmenté de 350 millions Nm^3par an ces quinze dernières années.

Les études réalisées jusqu'à ce jour nous renseignent que 29 km^3 de gaz méthane sont facilement exploitables. 15 km^3 sont assez facilement exploitables et 22,3 km^3le sont plus difficilement.

Section 3
LES OPPORTUNITES D'INVESTISSEMENT

Avec la relance de l'exploration et la promotion des bassins sédimentaires, encore vierges, l'immense potentiel pétrolier et gazier de la RDC offre aux marchés local, national et mondial des réelles opportunités investissements.

À cet effet, la nouvelle règlementation sous examen se veut un cadre juridique incitatif, visant la mobilisation des capitaux nationaux et étrangers, pour entreprendre les travaux d'exploration et d'exploitation pétrolières. La réalisation de cet objectif induira une demande variée en biens et services qui générera des nombreuses opportunités, tant dans le secteur privé que dans le secteur public.

Par ailleurs, l'immense chantier des infrastructures routières implique une demande du bitume et du sable asphaltique. Cette demande contribue à la croissance du secteur des hydrocarbures et y offre des nombreuses opportunités.

Chapitre II
LES AXES STRATEGIQUES DE LA REFORME DU CADRE JURIDIQUEDU SECTEUR DES HYDROCARBURES

En filigrane des termes de l'exposé des motifs de la loi du 1ier août 2015 portant régime général des hydrocarbures et particulièrement des innovations qu'elle dit apporter, nous pouvons déceler une stratégie de réforme sectorielle orientée vers le renforcement de la sécurité juridique (*Section 1*), la consécration légale du régime de partage de production (*Section 2*), la garantie de transparence dans le processus d'accès (*Section 3*), la gestion durable (*Section 4*) et l'affirmation du principe de contenu local (*Section 5*)

Section 1
LE RENFORCEMENT DE LA SECURITE JURIDIQUE

Axée sur le renforcement de la sécurité juridique, la réforme du secteur des hydrocarbures vise la globalisation du cadre juridique, c'est-à-dire son application à toutes les activités et à tous les rapports juridiques qui en découlent (**§1**), ainsi que la simplification et la prévisibilité du cadre juridique (**§2**).

§1 La globalisation du cadre juridique

1 Situation avant la réforme

Avant la réforme légale, le secteur des hydrocarbures était régi par l'ordonnance-loi n°081-031 du 02 avril 1981 sur les mines et hydrocarbures. Relevant du *régime concessionnaire* et limitée aux activités de reconnaissance, d'exploration et d'exploitation pétrolière, elle sera au fil du temps complétée et précisée par voie règlementaire.

L'ordonnance-loi en question est une sorte de loi de cadre sur les mines et les hydrocarbures ; pour ces dernières, elle pose sommairement des principes de base relatifs à l'accès aux ressources pétrolières qui se fait en deux étapes : 1) la constitution contractuelle (convention pétrolière) par voie de demande des droits de reconnaissance et d'exploration sur zone exclusive ; en cas de découverte de gisement, l'octroi par voie de demande administrative d'une concession pétrolière[1].

Cette ordonnance-loi est complétée et précisée par des règlements ministériels fixant les modalités d'octroi et d'exercice des droits d'accès aux hydrocarbures, ainsi que par les règles relatives aux autres activités du secteur pétrolier : le transport, le raffinage, le stockage et l'approvisionnement en produits pétroliers finis.

2 Globalisation du cadre juridique par la loi

Dans le souci de renforcer la sécurité juridique dans le secteur des hydrocarbures, la loi portant régime des hydrocarbures étend son champ d'application à toutes les activités du secteur pétrolier, en vue de les doter d'une base légale unique offrant plus de garantie de stabilité juridique.

Ainsi, contrairement à l'ancienne ordonnance-loi, la loi portant régime général des hydrocarbures précise les règles relatives à la prospection, l'exploration et l'exploitation des hydrocarbures, et elle étend son champ d'application à tous les segments de la chaine de valeur : les activités de raffinage, de *transport-stockage* et de distribution des produits pétroliers, ainsi qu'à toutes les sortes d'hydrocarbures.

Cela a le mérite de doter le secteur des hydrocarbures d'un cadre légal offrant aux rapports juridiques consécutif à toutes les activités une base juridique unique, sûr et stable.

§2 La simplification du cadre juridique

Avec une ordonnance-loi sommaire, renvoyant à d'autres lois et à une multiplicité de règlements sur certains aspects juridiques des activités d'hydrocarbures, l'ancien

[1] Articles 82 à 86

cadre juridique du secteur des hydrocarbures offrait un contenu complexe, insaisissable et de consultation fastidieuse ; d'où un besoin de sécurité juridique exigeant sa simplification, en vue de sa rationalisation.

La simplification d'une règlementation se traduit par l'intégration et la codification des règles de toute nature (économique, fiscale, pénale, commerciale et contentieuse), c'est-à-dire leur insertion dans un unique corpus les rendant accessibles et lisibles à partir d'une seule source ; sa rationalisation signifie une clarification qui facilite la connaissance, le respect et l'application des règles permettant d'une part, l'efficacité du contrôle administratif, et d'autre part, réduisant pour les investisseurs le coût financier de consultation d'une législation complexe[2].

Dans cette perspective, la loi portant régime général des hydrocarbures se veut un corpus juridique offrant une seule source de connaissance de toutes les catégories de règles régissant le secteur des hydrocarbures dans son ensemble, c'est-à-dire : le régime d'accès aux hydrocarbures, le régime commercial des produits pétroliers, le régime fiscal et douanier des activités, le régime de sanctions et le régime de règlement des litiges.

Section 2
LA CONSECRATION LEGALE DU REGIME DE PARTAGE DE PRODUCTION

Pour mieux saisir le sens et la portée de cet axe de la réforme du cadre juridique du secteur des hydrocarbures, il faut préciser la signification de l'ancien régime légal dit de concession *(§1)* ainsi que celle de l'actuel dit de partage de production *(§2),* la mise en œuvre de

---

[2] Élisabeth CATTA, Codification et qualité de la règlementation in Cahier de la Chancellerie confédérale, Leges 2007/3, p. 425-438, mise en ligne le 16 mars 2010 et consulté le 17 août 2017 https://www.bk.admin.ch/themen/lang/00938/02124/02597/index.html?lang=fr#sprungmarke20_55

ce dernier régime requérant l'extension de la propriété de l'État sur le produit du sous-sol aux hydrocarbures extraits *(§3)*

§1 Ancien régime de concession

Tel qu'organisé par l'ancienne ordonnance-loi, le *régime de concession* signifie strictement un régime où l'État octroie, sur un fond de terre, puis sur un gisement d'hydrocarbures, respectivement des *droits de prospection et d'exploration*, et un *droit d'exploitation*, tous pouvant être analysés comme des droits réels exercés en contrepartie d'un impôt ou d'une redevance d'accès.

Ces droits sont octroyés dans le cadre d'une convention pétrolière qui, au départ, ne porte que sur ceux de *reconnaissance* et d'*exploration*, dont l'exercice fructueux implique ensuite le droit d'obtenir une concession pétrolière qui est un droit d'exploitation. Celui-ci est accordé via un *permis d'exploitation*, établi après l'instruction d'une demande préalablement introduite[3].

Suivant qu'il est légalement défini comme un droit réel ou pas, ce permis d'exploitation pétrolière place le gisement pétrolier sous l'emprise juridique du titulaire, ou y constitue un droit de jouissance qu'il exerce en s'appropriant les hydrocarbures extraits contre une redevance versée à l'État.

§2 Nouveau régime de partage de production

1 Institution et signification

Avant la consécration légale du *régime de partage de production*, l'État avait commencé à recourir en pratique aux *contrats de partage de production* dans sa stratégie de relance du secteur des hydrocarbures, rompant ainsi en

[3] Ordonnance n°67-416 du 23 septembre 1967.

pratique avec l'ancienne ordonnance-loi, en ce qu'elle prévoyait le *régime de concession.*

En effet, dans le cadre de son programme de relance du secteur pétrolier, entrepris depuis 2001, la RDC avait opté pour le *contrat de partage de production* comme cadre d'accès aux hydrocarbures. Bien qu'émettant un *permis d'exploitation pétrolière* au profit de l'exploitant, cette formule contractuelle ne place pas le gisement sous son emprise juridique en contrepartie d'une redevance due à l'État. Elle fonctionne, en effet, comme un *contrat d'entreprise* engageant les sociétés cocontractantes de l'État à effectuer des travaux d'exploration et d'exploitation d'un gisement appartenant à l'État et pour son compte. Ceci en contrepartie, premièrement, du remboursement des dépenses effectuées au moyen d'une part de la production pétrolière (le *cost oil*) et, deuxièmement, d'une part obtenue du partage, avec l'État, de la production restante (le *profit oil*).

La loi portant régime général des hydrocarbures vient consacrer cette pratique contractuelle en instituant un régime de partage de production, qui formalise et organise la conclusion d'un *contrat de partage de production.* Et contrairement à la pratique, cette consécration légale abolit le *permis d'exploitation pétrolière*, survivance illusoire du régime de concession ; de sorte qu'après la réalisation des travaux d'exploration et d'exploitation, l'exploitant cocontractant de l'État acquiert immédiatement le droit d'exploitation après présentation et agrément d'un programme des travaux.

2 Finalité économique et fiscale

Le choix du *régime de partage de production* est dicté par les avantages économiques et fiscaux qu'il offre par rapport à celui de concession : sur le plan économique, il est sensé améliorer l'attractivité du secteur par rapport aux investissements et, au plan fiscal, à permettre à l'État d'engranger plus de recettes en période de hausse du prix des produits pétroliers.

En effet, dans un *régime de concession*, la redevance est en principe due périodiquement, en contrepartie de la simple obtention du droit d'accès aux hydrocarbures, et le concessionnaire doit s'en acquitter quelle que soit le niveau de la rente pétrolière générée ; ce qui n'encourage pas un investisseur qui, à chaque échéance, est obligé de payer sans tenir compte de la rentabilité de son projet. Par contre, en lui permettant de recouvrer le coût de son investissement par le prélèvement du *cost oil* et en liant la redevance à la part restante de la production des hydrocarbures, c'est-à-dire au *profit oil*, le *régime de partage de production* réduit le risque de perte et l'incite davantage à investir. Il s'agit ainsi d'un régime plus incitatif qui, au plan économique, accroit le flux d'investissements dans le secteur des hydrocarbures.

Par ailleurs, le *régime de partage de production* annihile, pour les investisseurs, le risque politique lié à la possibilité d'une mesure d'expropriation ou de nationalisation. Car, contrairement au *régime de concession*, l'investisseur privé n'acquiert aucun droit de jouissance ou de propriété nationalisable, mais il est un fournisseur de service et des biens nécessaires à la mise en valeur d'un gisement d'hydrocarbures appartenant l'État.

Au plan fiscal, la redevance due en échange d'une concession pétrolière peut, lorsqu'elle est fixe, s'avérer modique lorsque le cours du pétrole sur le marché est en hausse ; et lorsqu'elle est liée aux recettes d'exploitation, elle peut être minorée au moyen des techniques d'évasion fiscale. Dans tous les deux cas, la part de l'État dans la rente pétrolière réelle serait modique ; alors qu'en faisant déduire la redevance des hydrocarbures produits, le *régime de partage de production* met l'État à l'abri de toute frustration ou risque fiscal ; dans la mesure où, la vente de sa part d'hydrocarbures lui garantit des recettes substantielles en période de hausse du cours mondial et le protège tant soit peu contre les erreurs ou les fraudes de calcul de la rente.

§3 Extension de la propriété de l'État des produits du sous-sol aux hydrocarbures extraits

Pour une mise en œuvre juridiquement adéquate du *régime de partage de production*, la loi portant régime général des hydrocarbures étend la propriété de l'État, de produits du sous-sol aux hydrocarbures extraits. Ce qui, du reste, correspond aux rapports juridiques induits par ledit régime.

Conçu sous l'ancien principe constitutionnel de propriété étatique du sol, du sous-sol et de leurs produits naturels, l'ordonnance-loi sur les mines et les hydrocarbures en tient compte à son article 86 en vue de préserver ce droit réel de l'État par rapport au du droit de concession pétrolière octroyé à d'autres personnes. Les rapports juridiques qui en découlent signifient alors que l'État, propriétaire du gisement d'hydrocarbures, y concède au profit du concessionnaire un droit d'extraction des hydrocarbures. L'exercice de ce droit emportant, sans autre forme de procès, l'appropriation par le concessionnaire des hydrocarbures extraits du sous-sol. Ce principe d'appropriation était maintenu dans tous les contrats de partage de production conclus avant la loi. Il y était, en effet, stipulé que les hydrocarbures produits étaient attribués à l'exploitant, dès leur passage à la *tête du puit de production.*

Mais en faisant de l'exploration et de l'exploitation des hydrocarbures moins des *droits de jouissance* que des *obligations à faire,* exécutées au profit de l'État en contrepartie d'une part d'hydrocarbures extraite, le *régime de partage de production* requalifie les rapports juridiques entre l'État et le cocontractant. De concessionnaire exerçant un *droit de jouissance* à son profit, ce dernier devient en réalité un *prestataire de service* au profit de l'État, c'est-à-dire il est engagé à effectuer des travaux et à fournir les ouvrages nécessaires à l'extraction des hydrocarbures en contrepartie d'une partie de la production. Dans cette configuration juridique, les hydrocarbures sont extraits au profit de l'État et lui appartiennent en totalité avant tout partage rémunératoire de l'exploitant.

Donc, c'est pour être en phase avec cette évidence réelle du sens des rapports juridiques induits par l'application du régime de partage de production, que la loi portant régime général des hydrocarbures consacre l'extension de la propriété étatique, du gisement d'hydrocarbures aux hydrocarbures extraits, et ce, jusqu'au point d'exportation où le partage est sensé se réaliser.

Section 3
LA GARANTIE DE TRASPARENCE DANS LE PROCESSUS D'ACCES AUX GISEMENTS D'HYDROCARBURES

La réforme du secteur des hydrocarbures s'oriente aussi vers la mise en œuvre du principe de transparence consacré dans les instruments internationaux (*§1*). Ce qui se traduit en droit interne par l'institution de la procédure d'appel d'offre avec adjudication publique comme voie d'accès principale aux ressources naturelles (*§2*)

§1 Principe de transparence

1 Signification générale

Dans la gestion des ressources naturelles, le principe de transparence signifie, au-delà de la publicité des procédures d'accès, le devoir des pouvoirs publics d'informer et de conscientiser les citoyens sur la politique publique y relative et les décisions de mise en œuvre, afin de leur permettre d'exercer effectivement et efficacement les droits sociaux et économiques qui leur sont reconnus par la Constitution et les instruments internationaux.

Ainsi, tout en prévoyant des mécanismes d'accès aux ressources naturelles clairs et publics, l'État doit associer le peuple à travers toutes les parties intéressées au processus de décision, afin qu'ils fassent valoir leurs droits fondamentaux. Cette obligation implique tout d'abord le devoir d'informer et de communiquer sur la valeur d'une ressource naturelle visée, sur toutes les externalités négatives et positives possibles de son exploitation et sur le mécanisme d'accès. Il ne s'agit pas seulement de diffuser l'information, mais d'agir activement pour que les citoyens ciblés y accèdent, l'assimilent et réagissent, de sorte qu'ils soient à même d'exercer un contrôle documenté sur le processus d'accès à leurs ressources naturelles[4].

A ces devoirs de l'État, correspondent des droits des citoyens qui devraient être mieux garantis par un droit de recours à un juge approprié, et ce, afin d'en faire sanctionner toute violation par les autorités publiques ou par des agents particuliers[5].

2 Formulation par la déclaration de Rio sur l'environnement et le développement

La Déclaration de Rio sur l'environnement et le développement consacre le principe de transparence afin d'as-

---

[4] Nous nous inspirons ici du discours de Jean-Claude TRICHET, délégué de l'Académie des sciences morales et politiques, sur le thème « Transparence et démocratie » prononcé à la séance annuelle des 5 Académies de l'Institut de France en 2012. Disponible sur www.institut-de-france.fr

[5]MUKENDI MUKENDI NTANTAMIKA, Droit des ressources naturelles : éléments d'élaboration, d'analyse et d'évaluation des lois, éd. L'Harmattan, paris, 2019 p. 168

surer l'implication de toutes les compétences et de toutes les connaissances possibles dans la résolution des questions environnementales. Incluant également ces genres de question, la problématique sociale et économique de l'accès aux ressources naturelles requiert pour sa solution un même niveau de participation collective.

Ainsi à son principe 10, cette déclaration stipule : « la meilleure façon de traiter les questions d'environnement est d'assurer la participation de tous les citoyens concernés au niveau qui convient. Au niveau national, chaque individu doit avoir dûment accès aux informations relatives à l'environnement que détiennent les autorités publiques, y compris aux informations relatives aux substances et activités dangereuses dans leurs collectivités, et avoir la possibilité de participer au processus de prise de décision. Les États doivent faciliter et encourager la sensibilisation et la participation du public en mettant les informations à la disposition de celui-ci. Un accès effectif à des actions judiciaires et administratives, notamment des réparations et des recours, doit être assuré »

Impliquant particulièrement une problématique environnementale, l'accès aux ressources naturelles est concerné par ce principe général de transparence ainsi formulé. Son application engage les pouvoirs publics à accomplir un triple devoir : la diffusion de l'information, l'éducation des citoyens destinataires, leur association à la prise de décision et la reconnaissance de leur droit d'agir contre les abus[6].

§2 L'institution de la procédure d'appel d'offres avec adjudication publique

Pour mieux organiser la transparence dans la gestion des ressources naturelles, la loi portant régime général des hydrocarbures institue l'*appel d'offres avec adjudication publique* comme voie d'accès principale aux hydrocarbures, en raison de ces procédés de publicité et de mise en concurrence des soumissionnaires.

[6] MUKENDI MUKENDI NTANTAMIKA op cit, p. 168

Tel qu'il se pratique dans le cadre de l'accès aux ressources naturelles, l'*appel d'offres avec adjudication publique* peut être défini comme une voie d'attribution des droits d'accès à une ressource naturelle où l'État fait un appel public aux personnes intéressées, procède à la mise en concurrence publique de leurs offres, suivant un critérium préétabli (ouverture publique des plis de soumission), et conclut le contrat d'accès avec le candidat le mieux offrant, c'est-à-dire celui qui offre d'exploiter la ressource naturelle aux meilleures conditions environnementales, sociales et économiques possibles. L'attribution du contrat est ainsi faite par voie d'adjudication publique, c'est-à-dire par une décision solennelle et publique soumise à un contrôle juridictionnel.

Ainsi définie, la procédure d'appel d'offre est une base d'application du principe de transparence en ce qu'elle peut intégrer des procédés d'une plus grande implication de toutes les parties intéressées dans le processus de décision. Ces procédés peuvent être une *enquête publique préalable* ou une *commission participative d'adjudication*, composée de représentants de toutes les parties intéressées.

Section 4
LA GESTION DURABLE DU SECTEUR DES HYDROCARBURES

Après avoir circonscrit le contenu du principe de gestion durable (§1), nous pouvons décrire sa mise en œuvre à travers des innovations que la loi dit apporter dans son exposé des motifs (**§2**)

§1 Contenu et signification du principe de gestion durable

Procédant de la mise en œuvre du concept de *développement durable*, tel qu'originairement défini dans le *rap-*

port Brundtland[7], le principe de *gestion durable des ressources naturelles* consiste en une gestion qui permet d'en tirer le maximum de bénéfices possibles pour les générations présentes et futures en assurant, à travers le temps, leur répartition équitable en faveur des plus pauvres et sans préjudice environnemental irréparable ou irréversible. Une telle gestion des ressources naturelles est garantie par un cadre institutionnel fondé sur le principe de bonne gouvernance, c'est-à-dire la transparence et la participation citoyenne.

Si pour une *ressource naturelle renouvelable* (comme la forêt) la gestion durable renvoie aisément à l'idée de préservation de son écosystème et de sa capacité de régénération, pour une *ressource naturelle non renouvelable* comme les hydrocarbures, elle implique une laborieuse réflexion sur le moyen d'en compenser l'épuisement et d'en pérenniser les bénéfices pour les générations futures. Le modèle de gestion le plus répandu à cet effet est celui de la *règle d'Hartwick-Solow*[8].

[7] Rédigé en 1987 par la Commission mondiale sur l'environnement et le développement de l'Organisation des Nations unies, présidée par la Norvé-gienne Gro Harlem Brundtland. Utilisé comme base au Sommet de la Terre de 1992, ce rapport utilise pour la première fois l'expression de *« sustainable development »*, traduit en français par « développement durable », et qu'il définit comme : « Le développement durable est un mode de développement qui répond aux besoins des générations présentes sans compromettre la capacité des générations futures de répondre aux leurs. Deux concepts sont inhérents à cette notion : le concept de « besoins », et plus particulièrement des besoins essentiels des plus démunis, à qui il convient d'accorder la plus grande priorité, et l'idée des limitations que l'état de nos techniques et de notre organisation sociale impose sur la capacité de l'environnement à ré-pondre aux besoins actuels et à venir[1]. »

[8] John.M HARTWICK intergenerational equity and the investing of rents from exhaustible resources, in the American Economic review; vol. 67, n°5, Nashville, December 1977 pp. 972-974

Suivant cette règle dite aussi *« règle de compensation intergénérationnelle »*, les recettes publiques prélevées au fur et à mesure de l'épuisement des ressources naturelles doivent être réinvesties dans la production d'autres formes de capital nécessaires à la croissance économique, c'est-à-dire dans l'éducation et la santé pour former le capital humain (compétences) et social (institutions publiques), ainsi que dans la diversification de l'économie pour former le capital technique (infrastructures et industries). Ces formes de capital compensent l'épuisement des hydrocarbures et permettent aux générations futures de maintenir le même niveau de croissance et de bien-être[9].

Donc pour les hydrocarbures, la mise en œuvre du principe de gestion durable ainsi compris signifie leur gestion dans le respect de l'environnement, en vue d'en exploiter toutes les utilités possibles et d'en redistribuer équitablement la rente au profit de toutes les parties intéressées (plus particulièrement les plus défavorisées) ainsi que des générations futures.

§2 Mise en œuvre légale du principe de gestion durable

La loi portant régime général des hydrocarbures s'inscrit dans la mise en œuvre du principe de gestion durable à travers quatre de ses innovations : l'appel d'offres comme fondement de la bonne gouvernance du secteur **(1)**, le renforcement de la protection de l'environnement **(2)**, la prise en compte des droits des générations futures **(3)**, la consécration de la responsabilité sociétale des entreprises **(4)**

[9] Pierre-Noel GIRAUD et Dénis LOYER, Capital naturel et développement durable en Afrique, publié dans : « À quoi sert d'aider le Sud ? », Serge Michaïlof, éditeur, Economica, Octobre 2006, http://data0.eklablog.com/cdrh/mod_html130526_ 2.pdf

1 L’appel d’offres comme fondement de la bonne gouvernance

Comme voie d’accès principale aux hydrocarbures, la procédure d’appel d’offres constitue le fondement de la bonne gouvernance garantissant au plan institutionnel la gestion durable du secteur, dans la mesure où elle permet une meilleure efficacité allocative, une maximisation des recettes publiques issues de la rente d’exploitation et un accès transparent aux hydrocarbures.

En effet, par la mise en concurrence des offres d’accès en fonction d’un cahier des charges préétabli, la procédure d’appel d’offres permet à l’État d’attribuer un droit d’accès aux hydrocarbures au soumissionnaire le plus efficace, c’est-à-dire celui qui offre les meilleures garanties d’une évaluation sérieuse et exacte de la ressource naturelle, d’en tirer à un moindre coût environnemental le plus de produits , de créer le plus d’emplois directs et indirects pour les nationaux, de transférer plus de revenus aux populations locales et de réduire les externalités négatives.

Par le même procédé de mise en concurrence combiné avec celui d’enchère, la procédure d’appel d’offres permet à l’État de s’assurer le maximum de revenu possible, et ce, en attribuant le droit d’accès aux hydrocarbures au soumissionnaire qui propose de l’acquérir au prix le plus élevé par rapport au prix de base proposé. Les excédents budgétaires qui en résultent offrent les moyens d’une mise en œuvre significative de la règle d’*Hartwick-Solow*, telle que définie ci-avant.

Par ailleurs, la procédure d’appel d’offres offre une base institutionnelle de mise en œuvre des principes de transparence et de *participation citoyenne* dans la gestion du secteur des hydrocarbures. L’administration publique invite en effet toutes les personnes désireuses d’y accéder à faire valoir publiquement leurs aptitudes ou leurs capacités dans les mêmes conditions, permettant ainsi la connaissance par tous les soumissionnaires et par tous les tiers intéressés de toutes les règles et conditions d'accès à une ressource naturelle. Ce qui facilite l'exercice du contrôle citoyen.

2 Le renforcement de la protection de l'environnement

Conformément au principe 4 de la Convention des Nations-Unies sur l'environnement et le développement, la loi portant régime général des hydrocarbures intègre les mesures de protection de l'environnement en les associant à celles d'accès aux hydrocarbures.

Suivant le dit principe, « pour parvenir à un développement durable, la protection de l'environnement doit faire partie intégrante du processus de développement et ne peut être considéré isolément ». Dans cette perspective, la loi portant régime général des hydrocarbures lie l'accès aux hydrocarbures à la réalisation d'une étude d'impact environnemental et à l'exécution des mesures y relatives.

De ces mesures environnementales, il résulte que l'extraction des hydrocarbures est obligatoirement précédée d'une évaluation de ses impacts sur les composantes de l'environnement préalablement identifiées ; puis elle est combinée avec l'exécution méthodique et planifiée des mesures conservatoires, restauratoires et compensatoires.

3 La prise en compte des droits des générations futures

Afin que l'épuisement des hydrocarbures, ressources non renouvelables par définition, ne réduise pas la capacité des générations futures à répondre à leurs besoins, la loi portant régime général des hydrocarbures institue un *Fond souverain de générations futures*, qui est un mode de transmission intergénérationnelle des ressources nécessaires pour le développement et la croissance.

Ce fond souverain participe de ce qu'on appelle généralement un *fond d'épargne intergénérationnelle*. Ce dernier est, concrètement, un fond de placement d'actifs financiers détenu par un État, et où il reverse à titre d'épargne les recettes publiques issues de la rente pétrolière. Ces recettes sont alors transformées en divers placements internationaux, générateurs à long terme des dividendes ou des intérêts (actions, obligations, bons de trésor ...). De cette manière, les actifs d'hydrocarbures non renouvelables sont convertis en actifs financiers pérennes, dont les revenus sont répartis de manière équitable à travers les générations[10].

Fonctionnant ainsi, un *fond d'épargne intergénérationnelle* peut s'analyser comme un legs, sous forme d'actifs financiers, des actifs pétroliers ou gaziers non renouvelables aux générations futures ; dans la mesure où il constitue un mécanisme d'épargne forcée et fait fructifier la richesse d'aujourd'hui pour constituer le patrimoine de demain.

4 La consécration légale de la responsabilité sociétale des entreprises

La responsabilité sociétale des entreprises (RSE) avait été recommandée par le 2ième sommet sur la Terre de Johannesburg, tenu en 2002 comme un outil de mise en œuvre volontaire du développement durable à l'échelle d'une entreprise. La loi portant régime général des hydrocarbures croit mieux faire en optant pour une mise en œuvre contraignante de cette responsabilité. Nous discuterons plus loin de la justesse de cette option.

Telle que recommandée par les Nations Unies, la RSE signifie une double invitation adressées aux entreprises : d'une part, elles sont priées de dépasser les failles du cont-

---

[10] Caroline Bertin DELACOUR, op cit p. 30

rôle administratif de l'application des lois pour mettre volontairement et parfaitement en œuvre les obligations sociales et environnementales qu'elles prescrivent ; et d'autre part, elles devraient, pour assurer leur propre rentabilité, investir davantage dans la préservation de leur environnement et la viabilisation de leurs milieux d'activités[11].

Dans cette perspective, la loi portant régime général des hydrocarbures prescrit à ses articles 137 et 138 une série d'obligations à imposer aux entreprises. Ces obligations « étant sensées impliquer ces dernières aux enjeux de développement durable en faveur des populations directement affectées par les travaux pétroliers, à travers des contributions et une provision pour les interventions sociales tant en phase d'exploration qu'en phase d'exploitation »

Confronter cette prétendue mise en œuvre contraignante de la RSE et sa mise en œuvre volontaire, telle qu'originairement décrite dans divers instruments internationaux, est une autre question, dont l'étude plus approfondie dépasse le niveau de cet exposé.

Section 5
L'AFFIRMATION DU PRINCIPE DE CONTENU LOCAL

Pour mieux saisir la pertinence du principe de contenu local comme axe stratégique de la loi portant régime général des hydrocarbures, il nous faut en préciser la notion générale **(§1)** et la portée dans le secteur des hydrocarbures **(§2)**

§1 Notion générale du contenu local

Les termes « contenu local » désignent strictement la valeur ajoutée locale d'un bien ou d'un service mis sur le marché, c'est-à-dire l'ensemble de biens et services intermédiaires fournis par les ressortissants du pays où il est

[11]Élisabeth LAVILLE, L'entreprise verte : le développement durable change l'entreprise pour changer le monde, éditions Village mondial, Paris, 2002 pp. 108-110.

produit. Comme principe de politique économique, ils désignent l'ensemble de mesures incitatives et coercitives prises en vue d'accroitre cette valeur ajoutée locale.

Dans cette double optique, le principe de contenu local signifie en claire l'ensemble de mesures de politique économique visant l'utilisation, par les entreprises, de la main d'œuvre locale, ainsi que la consommation des biens et des services produits localement. Cette utilisation inclue le transfert de compétences et / ou de technologies en faveur de fournisseurs locaux, dans le but d'améliorer leur capacité productive et managériale.

Ainsi compris, le principe de contenu local permet à un pays en développement de mettre en contribution les investissements directs étrangers pour réaliser une plus grande croissance économique et en tirer les revenus nécessaires à son développement, et ce, en aidant ses propres agents économiques à se positionner sur des segments intéressants des chaines de valeur des grandes entreprises. Ce qui, notamment dans le secteur des ressources naturelles, crée des nombreux emplois directs et indirects, contribuant à la formation d'une épargne nationale, nécessaire à la diversification de l'économie.

§2 Portée dans le secteur des hydrocarbures

Dans le secteur des hydrocarbures, les catégories d'activités qui y sont recensées et leurs chaines de valeur offrent des nombreuses opportunités aux entrepreneurs nationaux. La mise en œuvre du principe du contenu local permet de les rendre aptes à en profiter largement au profit du développement national.

En effet, une relance réelle du secteur des hydrocarbures impliquera un déploiement massif des projets relatifs aux activités de prospection, d'exploration, d'exploitation, de transport, d'entreposage, de raffinage et de négoce, chaque projet déroulant sa propre chaine de valeur. Un tel volume d'activités devra induire une importante demande de biens et services divers ainsi que, si possible, une externalisation de certaines activités. Une mise en œuvre judicieuse du principe du contenu local, tel que défini ci-avant, permettra aux entrepreneurs nationaux de saisir cette double opportunité : ils pourront profiter des marchés de fourniture des biens et services divers et de sous-traitance des activités diverses, tout en améliorant leurs propres capacités de production et d'innovation, grâce au transfert de technologie.

Avec une telle base d'approvisionnement local, l'État disposerait d'un levier efficace d'attraction des investissements directes étrangers et de diversification de l'économie. La performance des fournisseurs et des sous-traitants locaux constitue à cet effet une incitation supplémentaire pour les investisseurs et une source de revenu fiscal pour l'État.

TITRE II
EXPOSE ANALYTIQUE DE LA LOI N°15/012 DU 1IER AOUT 2015 PORTANT REGIME GENERAL DES HYDROCARBURES ET DU DECRET N°16/010 DU 19 AVRIL 2016 PORTANT REGLEMENT D'HYDROCARBURES

La loi portant régime général des hydrocarbures présente un contenu global intégrant tous les aspects du droit et toutes les branches du secteur d'hydrocarbures. Dans son exposé analytique, il s'agira ainsi d'exposer son champ d'application (*Chapitre I*), de décrire le cadre institutionnel des activités qu'elle régit (*Chapitre II*) et d'expliquer le statut juridique des hydrocarbures (*Chapitre III*), le régime d'accès aux hydrocarbures (*Chapitre IV*), le régime fiscal des activités des hydrocarbures (*Chapitre V*) ainsi que le régime du contentieux des activités d'hydrocarbures (*Chapitre VI*) et le régime pénal des activités d'hydrocarbures (*Chapitre VII*)

Chapitre I
LE CHAMP D'APPLICATION[12]

Le champ d'application d'une loi signifie les choses, les personnes, les activités et les rapports juridiques auxquels elle s'applique. Celui du régime général des hydrocarbures comprend principalement tous les hydrocarbures (*Section 1*), ainsi que les activités d'hydrocarbures (*Section 2*)

Section 1
TOUS LES HYDROCARBURES

Dans sa logique globalisante, la loi portant régime général des hydrocarbures précise ce qu'elle entend par hydrocarbure en en donnant une définition et une catégorisation générales (§1) et en tenant compte de la distinction généralement faite sur le plan environnemental (§2)

---

[12] Nous nous réservons à ce stade d'intégrer dans l'étude du champ d'application la sous-traitance des activités d'hydrocarbures visée aux articles 5 à 8 de la loi en question.

§1 Définition et catégorisation générales de l'hydrocarbure

À son article 2 point 22 de la loi portant régime général des hydrocarbures, un hydrocarbure est un « composé constitué d'atomes de carbone et d'hydrogène solide, liquide ou gazeux, gisant dans le sol et/ou le sous-sol et utilisable comme carburant, combustible ou pouvant servir de matière de base pour l'industrie pétrochimique »

Ainsi légalement défini, l'hydrocarbure se présente sous forme de carbone fossile existant dans la croûte terrestre dans tous les trois états de la matière :

- à l'état solide, il constitue le *charbon ou la houille* qui est une roche sédimentaire exploitée dans des charbonnages en tant que combustible, et formée à partir de la dégradation partielle de la matière organique des végétaux ;
- à l'état liquide, il constitue le *pétrole* qui est une roche liquide d'origine naturelle ou une huile minérale issue de la décomposition thermique des matières organiques enfouie dans le sous-sol ;
- et à l'état gazeux, il constitue le *gaz naturel* qui est un mélange gazeux, produit par ce même processus géologique.

Dans toutes ces formes matérielles, l'hydrocarbure est une ressource énergétique non renouvelable, servant de combustible dans la production de l'énergie ou des matières premières dans l'industrie pétrochimique.

§2 Distinction des hydrocarbures sur le plan environnemental

Sur le plan environnemental, on distingue traditionnellement, suivant le coût socio-environnemental de leurs techniques d'approche et d'extraction, les hydrocarbures conventionnels (1) et les hydrocarbures non conventionnels (2)

1 Les hydrocarbures conventionnels

Les *hydrocarbures conventionnels* sont les quantités d'hydrocarbures qui, durant leur formation dans le sous-sol suite à la décomposition des matières organiques, migre sous la pression de la température de la *roche-mère*[13] vers la surface du sol en passant par des roches poreuses et, butant sur une couche géologique imperméable, s'y accumulent en en faisant une roche-réservoir d'où ils peuvent être facilement découverts et extraits par forage ou pompage.

Le qualificatif « conventionnel » fait référence au mode ou au processus simple et naturel de formation des hydrocarbures et de leur accumulation dans les *roches- réservoirs* ainsi qu'à la facilité de leur exploitation, le forage ou le pompage vertical étant en effet des techniques d'extraction moins couteuses sur les plans économique et environnemental.

Tenant compte de cette nature conventionnelle des hydrocarbures, la loi portant régime général des hydrocarbures soumet l'exercice des droits relatifs à leur exploration et à leur exploitation à des durées normalement longues, fixées en fonction de la rentabilité du projet.

2 Les hydrocarbures non-conventionnels

Les *hydrocarbures non-conventionnels* sont des quantités d'hydrocarbures qui restent piégées dans la roche-mère ou dans les matières organiques imparfaitement décomposées, de sorte que leur exploration et leur extraction re-

---

[13] Une *roche-mère* est une roche sédimentaire riche en matière organique. Au cours de l'enfouissement du sédiment, et en fonction de la température, la matière organique des *roches-mères* se transfor-me progressivement en hydrocarbures

quièrent des moyens forts coûteux au plan économique et environnemental.

En effet, ces *hydrocarbures non conventionnels* sont obtenus au moyen de dépenses énormes en eau et en énergie, requises par la fracturation hydraulique[14] et la technologie nécessaire pour extraire une matière organique et les en libérer artificiellement. Les techniques d'exploitation de tels hydrocarbures sont jugées fort polluantes et énergivores, et leur utilisation génère des risques environnementaux et sociaux élevés.

À ses articles 95 à 97, la loi portant régime général des hydrocarbures ciblent cinq types *d'hydrocarbures non conventionnels*, pour lesquels elle écourte les durées d'exploration et d'exploitation. Il s'agit des bitumes (naturels)[15], des schistes bitumeux[16], du sable asphaltique (ou

---

[14]La *fracturation hydraulique* est la dislocation ciblée de formations géologiques peu perméables par le moyen de l'injection sous très haute pression d'un fluide destiné à fissurer et micro-fissurer la roche.

[15] Le bitume naturel est résidu d'anciens gisements de pétrole dont les éléments les plus légers ont été éliminés au cours du temps par une sorte de distillation naturelle, les éléments légers étant très volatils à température ambiante. Extrait à ciel ouvert de gisements qui se présen-tent comme de véritables lacs appelés fosses à bitume le bitume peut aussi se présenter sous forme de filons en sous-sol

[16] Les « schistes bitumineux » sont des roches sédimentaires dans lesquelles le kérogène issu de la décomposition des matières organiques n'a pas été transformé en pétrole ou en gaz.

bitumineux)[17], du gaz de charbon ou d'houille[18] et du gaz des schistes[19].

Section 2 :
TOUTES LES ACTIVITES D'HYDROCARBURES

La loi portant régime général des hydrocarbures soumet l'ensemble de segments de la chaîne de valeur des hydrocarbures. Elle s'applique ainsi aux activités d'hydrocarbures en amont, soit l'amont pétrolier (**§1**) et aux activités d'hydrocarbures en aval, soit l'aval pétrolier (**§2**)

§1 Les activités d'hydrocarbures en amont ou l'amont pétrolier

En économie pétrolière et gazière, les activités d'hydrocarbures en amont, soit l'amont pétrolier, consiste en la recherche et l'évaluation des gisements d'hydrocarbures, leur développement, soit la mise en place des infrastructures nécessaires à la production (plates-formes pétrolières, pipelines, terminaux, etc.), ainsi qu'en leur exploitation ou mise en production commerciale (extraction des hydrocarbures)

À son article 20, la loi portant régime général des hydrocarbures distingue trois sortes d'activités d'hydrocarbures en amont qu'elle définit à son article 2 points 29, 17 et 16. Nous avons ainsi respectivement :

---

[17] Les sables bitumeux sont des gisements superficiels des sables mélangés à de l'huiles lourdes (Bitume), à de l'eau ainsi qu'à de l'argile. Ils peuvent être traités pour en extraire du pétrole brut ou du goudron.

[18] Le gaz de houille ou de charbon (plus connu comme gaz de couche) est un gaz, principalement constitué de méthane, piégé dans les micropores du charbon non exploité ou incomplètement exploité. Il est plus connu et redouté en raison des explosions souvent mortelles de poches de gaz accumulé dans certaines galeries

[19] Le gaz de schiste est un gaz naturel piégé dans la roche-mère d'où il n'a pu migrer vers les roches-réservoirs.

- *la prospection* : C'est l'« activité par laquelle une personne autorisée par l'État se livre, au moyen de l'étude de l'information disponible, à des investigations, au prélèvement et à l'analyse des échantillons du sol, du sous-sol, de l'océan, des lacs et des cours d'eau, aux fins de détecter des indices d'hydrocarbures, en utilisant, notamment des techniques géophysiques, géochimiques et la télédétection, à l'exception du forage »
- *l'exploration* **:** c'est l' « activité visant à 'mettre en évidence des gisements d'hydrocarbures à partir des données de prospection et en recourant aux techniques appropriées, y compris le forage »
- *l'exploitation* **:** c'est l' « activité destinée à extraire des hydrocarbures à des fins commerciales, notamment les opérations de développement, de production ainsi que celles d'abandon de puits et de gisements »

Ainsi légalement définies, la prospection porte sur les activités de recherche et de détection de la présence d'hydrocarbures dans le sol ; l'exploration porte sur celles d'évaluation quantitative et qualitative des hydrocarbures et d'étude de faisabilité de leur exploitation ; et l'exploitation porte sur celles de développement gisement, d'extraction des hydrocarbures et de fermeture du site d'exploitation.

§2 Les activités d'hydrocarbures en aval ou l'aval pétrolier

Les activités d'hydrocarbures en aval ou de l'aval pétrolier sont celles qui, après l'extraction des hydrocarbures du gisement, consistent en leur raffinage (pour le pétrole) ou leur traitement (pour le gaz naturel et le charbon), à transporter et à stocker des produits dérivés, à les commercialiser et à les transformer en divers produits industriels.

À son article 100, la loi portant régime général des hydrocarbures découpe cette chaîne de valeur en cinq sortes d'activités d'hydrocarbures :

- *le raffinage* (applicable au pétrole) qu'elle définit comme une « opération consistant à traiter par des procédés physico-chimiques les hydrocarbures, en vue de l'obtention des produits marchands ou des produits dérivés ou semi-finis commercialisables » (article 2 point 30).
- *le transport-stockage des produits pétroliers* qui, suivant son article 109, signifie le chargement, l'enlèvement, le transfert et le déchargement des produits pétroliers d'un lieu à un autre par canalisation ou camions-citerne, ainsi que leur entreposage ou stockage.
- *la fourniture des produits pétroliers* qui signifie leur distribution aux consommateurs finaux à partir des points de distribution.
- *l'importation et la commercialisation des produits pétroliers* qui, suivant l'article 198 du décret portant règlement pétrolier, signifie soit, l'achat local des produits pétroliers importés en vue de leur revente locale, soit leur importation en vue de leur consommation, ou soit leur importation, en vue de leur mise en vente locale.
- *l'industrie pétrochimique* qui signifie la production des composés synthétiques artificiels[20] sur base des hydrocarbures.

Cette indication légale ignore deux autres activités de l'aval pétrolier pourtant expressément visés par la loi en question : le *traitement* qui, applicable au gaz naturel ou aux bitumes et équivalant au raffinage, est défini à son article 2 point 44 comme « un procédé chimique ou mécanique qui aboutit à l'obtention d'un produit d'hydrocarbures brut et marchand ; et la transformation » qui, équivalant à l'industrie pétrochimique visée à ses articles 2 points 45 ,119 et 120 et qui est définie « comme tout procédé chimique ou méca-

---

[20] Les composés synthétiques sont des matières plastiques ou autres produits utilisés comme intrants dans la fabrication des médicaments, des cosmétiques ou engrais.

nique qui consiste à changer la nature d'un hydrocarbure ou d'un produit d'hydrocarbures et à en obtenir un ou plusieurs produits dérivés finis ou semi finis commercialisables »

Chapitre II
DESCRIPTION DU CADRE INSTITUTIONNEL DES ACTIVITES D'HYDROCARBURES

Décrire le cadre institutionnel des activités d'hydrocarbures revient à indiquer les acteurs publics en charge de la politique nationale en matière d'hydrocarbures (**Section 1**), de la règlementation du secteur des hydrocarbures (**Section 2**) et de sa gestion (**Section 3**)

Section 1
LES ACTEURS PUBLICS EN CHARGE DE LA POLITIQUE NATIONALE

Une précision sur la signification concrète de la politique nationale en matière d'hydrocarbures et sur les modalités de son élaboration (**§1**) est nécessaire avant d'indiquer les acteurs publics l'ayant en charge (**§2**)

§1 La politique nationale en matière des hydrocarbures et modalités d'élaboration

La politique nationale en matière d'hydrocarbures est prévue aux articles 11 à 13 de la loi portant régime général des hydrocarbures. Il s'agit d'une politique publique sectorielle, dont elle ne définit pas, cependant, les modes pratiques d'élaboration. Il s'agira toute fois au plan règlementaire d'une planification stratégique à long terme.

Comme politique publique sectorielle, la politique nationale en matière d'hydrocarbures est conçue et mise en œuvre en vue d'assurer la gestion durable du secteur des hydrocarbures, ainsi que sa mise en contribution pour le développement durable du pays ; et elle signifie concrètement une action publique visant l'identification et l'analyse des opportunités et des défis de la gestion durable du secteur d'hydrocarbures, la définition des moyens à mobiliser pour les exploiter et les surmonter, la précision des objectifs à atteindre et la définition des mesures à prendre pour ce faire. Cette action est matérialisée dans un document stratégique fixant les orientations nécessaires, identifiant les acteurs mobilisés (décideurs publics, entreprises privées et publiques, Centre de recherche et développement, Organisations Non Gouvernementales) et définissant le rôle de chacun.

La loi portant régime général des hydrocarbures étant muette sur les modes d'élaboration de ce document stratégique, le gouvernement peut s'inscrire dans une planification à long terme des actions à entreprendre et des objectifs à réaliser suivant une analyse prospective et anticipative des problèmes. Dans ce cas, il élabore, adopte et promulgue par voie de décret du 1ier Ministre un plan national du secteur des hydrocarbures.

§2 Les acteurs publics en charge de l'élaboration et de la conception

Suivant l'article 11 alinéa 1ier de la loi portant régime général des hydrocarbures, l'élaboration et la mise en œuvre de la politique nationale en matière d'hydrocarbures sont dévolue au Gouvernement national, et, à son article 13, elle en confie spécialement au ministre en charge des hydrocarbures la mise en œuvre.

La loi portant régime général des hydrocarbures n'ayant pas défini les modalités de l'action du Gouvernement en la matière, nous pouvons présumer, à partir de son fonctionnement traditionnel, que l'initiative d'élaboration de la politique nationale en matières des hydrocarbures est prise par le Gouvernement qui confie au ministre en charge des hydrocarbures l'élaboration du document stratégique y relatif. *Démocratie participative* oblige, ce dernier devra associer toutes les parties prenantes du secteur visé, en vue d'assurer une meilleure compréhension des problèmes et la légitimité des décisions à prendre.

Une fois élaboré, le document stratégique assorti d'un projet de mesures à prendre est présenté par le ministre en charge des hydrocarbures au Gouvernement réuni en conseil des ministres qui l'adopte et lui en confie la mise en œuvre.

Section 2
LES ACTEURS PUBLICS EN CHARGE DE LA REGLEMENTATION

La règlementation du secteur des hydrocarbures est assurée par le Parlement (**§1**), le Premier ministre et le Gouvernement (**§2**) ainsi que le ministre en charge des hydrocarbures **(§3)**

§1 Le Parlement

Le Parlement intervient dans la réglementation du secteur des hydrocarbures par le vote d'une loi. La base constitutionnelle de cette intervention doit être explicitée, car le régime des hydrocarbures n'est pas repris par les articles 122 et 123 de la Constitution qui énumèrent les attributions du pouvoir législatif.

En effet, les champs d'intervention du pouvoir législatif en rapport avec le sol et le sous-sol, ainsi que leurs produits naturels sont indiqués à l'article 123 point 3 de la Constitution. Cette disposition ne reprend que les régimes foncier, minier, forestier et immobilier qui, en droit positif congolais, ne se confondent pas avec le régime des hydrocarbures. Ce qui amène à rechercher à un autre endroit la base constitutionnelle de la loi sur les hydrocarbures.

Cet endroit nous le trouvons à l'article 9 qui, ayant placé à son alinéa 1^{ier} sous souveraineté permanente de l'État le sol, le sous-sol et les eaux constituant le territoire national, stipule à son alinéa 2 que les modalités de gestion et de concession de ce domaine de l'État sont déterminées par la loi. Cette disposition constitutionnelle s'étend logiquement aux hydrocarbures qui sont les composantes du sol et du sous-sol, de sorte que la loi sur les hydrocarbures participe d'une modalité constitutionnelle de l'exercice de la souveraineté permanente de l'État.

§2 Le premier ministre et le Gouvernement

Le Premier ministre intervient dans la réglementation du secteur des hydrocarbures en exécution de la loi. Il prend pour ce faire un décret qu'il soumet préalablement à l'approbation du Gouvernement, réuni en Conseil des ministres.

En effet, la loi portant régime général des hydrocarbures renvoie invariablement, pour ce qui concerne ses mesures d'application, à un *règlement* qui, suivant son article 192 doit être pris par le Premier ministre agissant par voie de décret. Cette disposition légale est dans la suite logique de l'article 92 alinéa 1, 2 et 4 de la Constitution qui stipule que le Premier ministre assure l'exécution des lois et dispose du pouvoir règlementaire ; et il statue par voie de décret contresigné par le ministre chargé de son exécution.

Mais concernant l'application de la loi portant régime général des hydrocarbures, outre ce contreseing ministériel, le législateur a cru nécessaire de soumettre (à son article 192) le décret du Premier ministre à la délibération du Conseil des ministres, régulièrement convoqué conformément à l'article 79 alinéa 1 de la Constitution.

§3 Le ministre en charge des hydrocarbures

En application d'une loi, un ministre peut intervenir dans la règlementation de son secteur d'activités sur un ordre exprès du législateur ou par délégation du pouvoir règlementaire faite le Premier ministre, conformément à l'article 92 alinéa 5 de la Constitution. En ce qui concerne le ministre en charge des hydrocarbures, il agit suivant ce dernier mode.

Un ministre intervient dans la règlementation sur ordre exprès du législateur lorsque ce dernier, dans une loi qu'il vote, prévoit que ses mesures d'application sont prises par un arrêté ministériel. Sinon, il ne peut intervenir que par délégation du pouvoir règlementaire faite par le Premier ministre qui en dispose constitutionnellement.

Dans le cas d'espèce, la loi portant régime général des hydrocarbures prévoit que ses mesures d'application sont prises par un Décret du Premier ministre ; et à l'article 6 alinéa 1 du Décret portant règlement des hydrocarbures, ce dernier ne délègue au ministre en charge des hydrocarbures que les mesures règlementaires relatives aux conditions et aux modalités d'implantation des installations classées pétrolières.

Section 3
LES ACTEURS PUBLICS EN CHARGE DE LA GESTION

Dans l'organisation légale de la gestion du secteur des hydrocarbures, il y a des acteurs publics qui interviennent au niveau du contrôle des activités d'hydrocarbures **(§1)** et ceux qui interviennent dans la production d'hydrocarbures **(§2)**.

§1 Au niveau du contrôle des activités d'hydrocarbures

Au cœur du dispositif de contrôle des activités d'hydrocarbures il y a le ministre en charges des hydrocarbures **(1)**, le secrétariat général du ministère des hydrocarbures **(2)** ainsi que le Comité d'opérations et le Comité de concertation **(3)** ; et à la périphérie, il y a le Gouvernement central et le Premier ministre **(4)**, le Président de la République **(5)**, l'Agence Congolaise de l'Environnement **(6)**, le Gouvernement provincial et les Entités territoriales décentralisées.

1 Le ministre en charge des hydrocarbures

Dans le contrôle d'accès aux hydrocarbures, le ministre en charge des hydrocarbures a, suivant les articles 14 et 39 combinés du règlement des hydrocarbures, pour attributions de :

- veiller respect des lois et règlements dans le secteur d'hydrocarbures ;
- découper et subdiviser le bassin sédimentaire en constituant des blocs ouverts à l'exploration et à l'exploitation
- accorder les droits de prospection, d'exploration et d'exploitation ;
- octroyer les autorisations d'exercice des activités d'hydrocarbures en aval ;
- contrôler les travaux liés aux activités d'hydrocarbures en aval et en amont ;
- veiller à la mise en œuvre de la politique du contenu local dans le secteur d'hydrocarbures ;
- assurer le respect des prescriptions d'hygiène, de sécurité et de protection de l'environnement ;
- fixer les normes et les spécifications des produits pétroliers ;
- assurer la constitution des stocks de sécurité et des stocks opérationnels ;
- gérer les stocks stratégiques ;
- faire constituer et gérer la banque des données pétrolières et gazières ;
- participer à la fixation des prix des produits pétroliers
- conclure les accords internationaux dans le domaine des hydrocarbures ;

Les modalités d'exercice de chacune de ces attributions sont déterminées par les différentes dispositions légales et règlementaires.

2 Le secrétariat général des hydrocarbures

Dans le cadre du contrôle d'accès aux hydrocarbures, le secrétariat général du ministère des hydrocarbures, à travers ses différents services et agents est, suivant les articles 15 et 17 à 20 du règlement pétrolier, chargé de :

- constater les besoins d'accès aux hydrocarbures et préparer les dossiers d'appel d'offres à soumettre au ministre ;
- traiter et analyser les dossiers lui confiés par le ministre ainsi que préparer les contrats et en assurer le suivi ;
- assurer l'inspection des activités d'hydrocarbures en amont et en aval ;
- recevoir et traiter les requêtes émanant des opérateurs du secteur d'hydrocarbures ;
- constater et liquider les recettes du ministère des hydrocarbures ;
- concevoir les normes techniques du secteur d'hydrocarbures ;
- assurer le renforcement des capacités institutionnelles du ministère en charge des hydrocarbures en élaborant les programmes y relatifs ;
- tenir le registre des droits d'accès aux hydrocarbures et des autorisations d'activités en aval ;
- assurer le service d'information et communication.

Toutes les attributions sont accomplies chacune suivant les modalités prescrites par la loi et le règlement des hydrocarbures ;

3 Le Comité d'opérations et le Comité de concertation

Suivant l'article 24 de la loi portant régime général des hydrocarbures, le *Comité d'opérations* est un organe créé pour chaque contrat et composé des représentants du contractant, du ministère et de la société nationale des hydrocarbures. Il est ainsi institué par voie d'arrêté ministériel.

Ainsi constitué, le *Comité d'opérations* est chargé d'examiner et de valider l'orientation, la programmation, l'exécution des travaux pétroliers, le programme des travaux liés au renouvellement du contrat et leurs budgets, ainsi que toutes autres questions liées au fonctionnement du contrat inscrites à l'ordre du jour.

Le *Comité de concertation* est institué par le décret portant règlement d'hydrocarbures à son article 298. Il est chargé de coordonner les interventions sociales en faveur des populations riveraines, notamment en élaborant les projets de développement local et en assurant leur suivi.

4 Le gouvernement central et le Premier ministre

Réuni en Conseil des ministres, le gouvernement central intervient dans le contrôle d'accès aux hydrocarbures pour :

- approuver l'arrêté ministériel fixant les critères techniques et financiers de sélection des candidats participants à un avis à manifestation d'intérêt (Article 36 alinéa 2 de la loi) ;
- approuver le rapport final de présélection des candidats au terme de la procédure de manifestation d'intérêt (article 68 alinéa 3 et 4 du Règlement d'hydrocarbures) ;
- approuver le rapport d'évaluation des offres fait au terme de la procédure d'appel d'offres (article 77 du règlement d'hydrocarbures) ;
- autoriser le recours à l'appel d'offres restreint pour l'attribution des droits d'exploration et d'exploitation des hydrocarbures (Article 41 de la loi) ;
- arbitrer le conflit d'occupation du sol entre un projet d'accès aux hydrocarbures et d'autres formes d'occupation antérieures (Article 24 alinéa 4 de la loi) ;

- délibérer en vue de donner un avis préalable sur les projets de contrat d'hydrocarbures et les arrêtés ministériels relatifs à leur renouvellement (articles 41 alinéa 1 et 51 alinéa 3 de la loi) ;
- délibérer en vue de donner un avis préalable sur le décret du premier ministre autorisant les activités d'exploration sur une Zone interdite ou une aire protégée (article 155 alinéa 2 de la loi) ;
- délibérer en vue de donner un avis préalable sur le décret instituant une zone interdite, fermée aux activités d'hydrocarbures en amont (Article 177 de la loi) ;
- valider l'accord préalable signé avec les occupants d'une zone en vue d'y autoriser les travaux d'exploration et d'exploitation (article 158 alinéa 3 de la loi) ;
- décider de confier à un laboratoire spécialisé l'examen des substances autres que les hydrocarbures découvertes dans un bloc ;

Pour sa part, le Premier ministre intervient dans le contrôle d'accès aux hydrocarbures pour instituer, par décret les zones interdites (article 177 de la loi) ou y autoriser l'exploration et l'exploitation (article 155 alinéa 2 de la loi).

5 Le Président de la République

En matière de contrôle d'accès aux hydrocarbures, le Président de la République approuve par voie d'ordonnance les projets de contrat d'hydrocarbures délibérés en Conseil des ministres.

Nous analyserons ci-dessous le contenu et l'étendu de ce pouvoir par rapport à celui du Conseil des ministres présidé et convoqué par le président de la République.

6 L'Agence Congolaise de l'Environnement

Bien qu'elle relève d'un cadre juridique autre que celui des activités d'hydrocarbure, l'Agence Congolaise de l'Environnement fait partie intégrante de l'environnement institutionnel des activités d'hydrocarbures, et les projets relatifs à ces dernières intègrent les mesures de protection de l'environnement, dont le contrôle relève de la compétence de cette Agence.

Ainsi suivant l'article 315 du décret portant règlement d'hydrocarbures, l'Agence Congolaise de l'Environnement intervient dans le contrôle des activités d hydrocarbures pour assurer, en collaboration avec l'administration publique, l'évaluation environnementale d'un projet d'activités d'hydrocarbures, approuver l'étude d'impact environnemental et effectuer l'audit environnemental.

7 Le Gouvernement provincial et l'Entité Territoriale Décentralisée

Dans le cadre du contrôle des activités d'hydrocarbures, le Gouvernement provincial et l'Entité Territoriale Décentralisée donnent des avis techniques sur l'accord préalable à l'autorisation d'une activité d'hydrocarbure en amont sur une terre occupée, passé avec les occupants. (Article 158 alinéa 3 de la loi portant régime général des hydrocarbures)

§2 Dans la production d'hydrocarbures

L'État intervient dans la production d'hydrocarbures à travers la société nationale d'hydrocarbures chargée d'y investir **(1),** et le Fond des générations futures, chargée d'en pérenniser les bénéfices **(2)**

1 La Société nationale d'hydrocarbures

Conformément à l'article 14 de la loi portant régime général des hydrocarbures, l'État participe aux activités d'hydrocarbures en amont ou en aval par une Société national. Cette participation est faite directement, à l'initiative de la Société elle-même ou indirectement, en association avec une autre société.

Suivant l'article 16 du décret portant règlement d'hydrocarbures, la société nationale d'hydrocarbures est ainsi chargée de contribuer à la valorisation du patrimoine pétrolier, de constituer pour le compte de l'État des stocks stratégiques de tous les produits pétroliers, et de participer au développement des activités d'hydrocarbures sur toute l'étendue du territoire national.

2 Le Fond des générations futures

Les hydrocarbures étant des ressources naturelles épuisables, la participation de l'État aux activités d'hydrocarbures en amont doit viser la pérennisation de leurs bénéfices au profit des générations futures. À cet effet, la loi portant régime général des hydrocarbures prévoit la création d'un *Fond des générations futures*.

Ce Fond devra être un établissement public dont la création, le fonctionnement et les missions feront l'objet d'un Décret du Premier ministre, distinct du décret portant règlement d'hydrocarbures.

Chapitre III
STATUT JURIDIQUE DES HYDROCARBURES

Constitutionnellement et légalement, les hydrocarbures sont respectivement des biens naturels sous souveraineté permanente de l'État (*Section 1*), et des biens naturels du domaine privé de l'État (*Section 2*)

Section 1
BIENS NATURELS SOUS SOUVERAINETÉ PERMANENTE DE L'ÉTAT

Pour mieux comprendre les rapports juridiques qui se déduisent de ce statut juridique des hydrocarbures, il faut préciser la signification juridique de la souveraineté permanente de l'État **(§1)** et sa portée juridique sur les hydrocarbures **(§2)**

§1 Signification de la souveraineté permanente de l'État

Procédant de l'application sectorielle du principe général et international de la souveraineté permanente sur les ressources naturelles, la souveraineté permanente de l'État sur les hydrocarbures, telle que déduite de l'article 9 alinéa 1ier de la Constitution, en conserve la signification d'un *droit politique* à ne pas confondre avec un *droit réel.*

Telle qu'originairement consacré par les résolutions 626 du 21 décembre 1952 et 1803 du 14 décembre 1962 de l'Assemblée Générale des Nations Unies[21], le principe de souveraineté permanente sur les ressources naturelles est corollaire à celui de droit des peuples à disposer d'eux-

[21] Ces deux résolutions proclament respectivement que : le droit des peuples d'utiliser et d'exploiter leurs richesses et ressources naturelles est inhérent à leur souveraineté », et « le droit de souveraineté permanente des peuples et des nations sur leurs richesses et leurs ressources naturelles doit s'exercer dans l'intérêt du développement national et du bien-être de la population de l'État intéressé »

mêmes et, comme tel, signifie le droit exclusif et souverain de définir librement les politiques publiques y relatives et d'en règlementer l'accès dans les limites des exigences du développement durable et dans l'intérêt supérieur de toute la nation ; c'est-à-dire concrètement, le droit de définir librement la stratégie d'exploitation des ressources naturelles, le principe d'appropriation ou leur statut juridique, ainsi que les conditions d'accès. Cette souveraineté s'exerce dans le respect des accords internationaux équitables et des exigences universelles d'une gestion durable : la préservation de l'environnement, le droit au développement du peuple, l'équité sociale et intergénérationnelle, ainsi que la démocratie participative[22].

Ce principe de souveraineté permanente sur les ressources naturelles est introduit en droit interne par le biais de l'article 9 alinéa 1[ier] de la Constitution en ces termes : « l'État exerce une souveraineté permanente notamment sur le sol, le sous-sol, les eaux et les forêts, sur les espaces aérien, fluvial, lacustre et maritime congolais ainsi que la mer territoriale congolaise et sur le plateau continental ; et il s'applique, avec la même signification que ci-dessus, aux hydrocarbures pris comme composante essentielle du sous-sol.

§2 Portée de la souveraineté permanente de l'État sur les hydrocarbures

La soumission constitutionnelle des hydrocarbures à la souveraineté permanente de l'État implique l'exercice souverain des prérogatives suivantes [23] :

- articuler librement la vision stratégique de leur gestion à travers une politique publique visant la réalisation du droit au développement du peuple, du droit à l'environnement de l'humanité et des droits des com-

---

22 MUKENDI MUKENDI NTATAMIKA, op cit,.

23 MUKENDI MUKENDI NTANTAMIKA op cit, éditions L'Harmattan, Paris, 2019, pp. 58-59.

munautés locales ou autochtones et de ceux des générations futures ;

- légiférer en définissant librement les formules d'appropriation adéquates, c'est à dire la propriété privée ou la propriété publique ; ainsi que les conditions de recherche et d'exploitation conforme aux objectifs de la politique publique suivie ;

Le caractère permanent de cette souveraineté implique que, lorsqu'exerçant ces prérogatives, l'État s'approprie légalement les actifs d'hydrocarbures ou en attribue la propriété à des particuliers, il ne renonce pas pour autant à son droit souverain ; car il peut, suivant la Constitution, redéfinir les formes juridiques d'accès aux hydrocarbures, conformément à sa perception évolutive de l'intérêt national.

Section 2
BIENS NATURELS DU DOMAINE PRIVE DE L'ÉTAT

Dans le cadre de l'exercice de sa souveraineté permanente sur le sous-sol, l'État s'approprie les hydrocarbures en des termes légaux, qu'il faut expliquer **(§1)**. La signification et la portée de ce droit de propriété doivent être précisées par rapport à l'exercice de cette souveraineté **(§2)** et à son extension aux hydrocarbures produits jusqu'au point d'exportation **(§3)**

§1 Explication des termes légaux d'appropriation étatique

Par l'article 3 alinéa 1 et 2 de loi portant régime des hydrocarbures, l'État s'approprie les hydrocarbures non extraits et extraits jusqu'au point de leur exportation en ces termes :

> « Les hydrocarbures du sol ou du sous-sol découverts ou non découverts situés dans les limites du territoire national, en ce compris, les espaces fluvial, lacustre, maritime ainsi que sur la mer territoriale congolaise, la zone économique exclusive et le plateau continental sont la propriété de l'État.

« Les hydrocarbures produits appartiennent à l'État jusqu'au point d'exportation »

Cela signifie que l'État est propriétaire des hydrocarbures gisant dans le sous-sol du territoire national ou dans ses cours d'eaux, ainsi que ceux contenus dans les sables en surface du sol ; et dans le cadre d'un *contrat d'exploration et d'exploitation des hydrocarbures*, il se réserve ce droit de propriété sur l'ensemble des hydrocarbures extraits du sous-sol, des cours d'eaux et du sable, jusqu'au point d'exportation.

§2 La signification du droit de propriété de l'État par rapport à la sa souveraineté permanente sur les ressources naturelle

Tout comme le droit de propriété, le droit de souveraineté permanente sur les ressources naturelles signifie essentiellement le droit de l'État d'en disposer librement. Ce qui, dans le cas d'espèce, peut laisser croire à une superposition fantaisiste de ces deux droits sur les hydrocarbures. Mais il y a une différence sémantique entre les deux *droits de disposition*, qui explique comment ils s'exercent l'un par rapport à l'autre.

Le *droit de disposition* compris dans la souveraineté permanente de l'État sur les ressources naturelles a le même sens que celui des peuples à disposer d'eux-mêmes, dont il est le corollaire et qui signifie le droit de s'organiser politiquement. Il ne s'agit donc pas d'un droit réel sur les ressources naturelles, comme le droit de propriété, mais du droit d'en organiser souverainement la gestion, tel que défini ci-avant et qui implique le droit de définir le mode d'appropriation.

Donc l'auto-attribution légale de la propriété des hydrocarbures par l'État procède de l'exercice de sa souveraineté permanente sur le sous-sol, telle que consacrée par la Constitution. Ceci veut dire que, définissant souverainement la politique nationale des hydrocarbures, il décide qu'actuellement leur gestion optimale dans l'intérêt national n'est peut-être faite que dans le cadre du domaine privé de l'État.

§3 Explication de l'extension de la propriété de l'État aux hydrocarbures extraits jusqu'au point d'exportation

Le choix légal d'étendre la propriété de l'État aux hydrocarbures produits jusqu'au point d'exportation s'explique par le fonctionnement d'un *contrat de partage de production* **(1)**. Il pose cependant la question de l'extinction de cette propriété dans les cas des hydrocarbures vendus sur le marché local ou destinés à l'auto-approvisionnement **(2)**.

1 Explication par le fonctionnement du contrat de partage de production

Les hydrocarbures extraits sont ceux qui sont tirés du sous-sol par forage, ou ceux qui sont isolés du sable bitumineux par traitement. Sous l'ancien *régime de concession* et des *contrats de partage de production*, conclus avant l'actuelle loi sur les hydrocarbures, l'exploitant en acquérait la propriété, dès leur passage à la tête du puit de production ou leur isolement du sable, et ce, jusqu'au point du processus productif convenu pour la réalisation de leur partage.

La loi portant régime général des hydrocarbures maintient la propriété de l'État sur les hydrocarbures extraits et détenus par l'exploitant, jusqu'au point d'exportation ; elle sous-entend ainsi que l'ensemble d'hydrocarbures extraits dans le cadre d'un *contrat de partage de production* est en principe destiné à l'exportation, de sorte que c'est au point d'exportation convenu que le partage est sensé être réalisé par l'attribution à chaque partie de sa part de rente correspondant à sa quote-part dans la quantité d'hydrocarbures exportée. Ce point d'exportation est l'endroit d'expédition des hydrocarbures à l'importateur, tel que légalement convenu dans le contrat d'exportation. Généralement, en cas d'expédition maritime d'hydrocarbures issus du forage, cet endroit est le point de raccordement entre le navire pétrolier et les installations de l'opérateur.

Par ce maintien des hydrocarbures produits sous la propriété de l'État, la loi portant régime général des hydrocarbures s'adapte au sens des rapports juridiques entre l'État et les sociétés exploitantes au sein d'un *contrat de partage de production.* Ces dernières y sont en effet des fournisseurs des biens et prestataires de service chargés de produire les hydrocarbures au profit de l'État, et non des titulaires d'un droit d'exploitation qu'elles exerceraient à leur profit.

2 Quel est le point d'extinction de la propriété de l'État sur les hydrocarbures produits destinés à la vente locale ou à l'auto-approvisionnement ?

La loi portant régime général des hydrocarbures ayant prévu le maintien de la propriété de l'État sur les hydrocarbures produits jusqu'à leur point d'exploitation, il se pose la question de savoir à quel moment cette propriété étatique s'éteint en cas de production d'hydrocarbures destinée à la consommation locale ou à l'auto-approvisionnement.

Dans ces deux cas, il faudrait se référer aux termes du contrat d'hydrocarbure. Le principe déduit du fonctionnement légal de ce dernier est que l'exploitant n'exerce pas un droit d'extraction à son profit, mais exécute une obligation d'extraction au profit de l'État. Ce dernier est donc logiquement propriétaire de l'ensemble d'hydrocarbures produits pour lui jusqu' au moment convenu où ils sont constitués en stock destiné au partage, avant la livraison à un tiers acheteur ou l'expédition à l'usine de transformation ou de consommation de l'exploitant.

Lorsque le stock d'hydrocarbures est destiné à la vente, le partage peut se faire commodément par le partage du prix, proportionnellement à la quote-part de chaque partie dans la production vendue. Lorsqu'il est destiné à l'auto-approvisionnement de l'exploitant, ce dernier peut réaliser le partage en payant à l'État et à chaque autre partie le prix correspondant à sa quote-part dans la production qu'il entend utiliser.

Chapitre IV
LE REGIME D'ACCES AUX HYDROCARBURES

Le régime d'accès aux hydrocarbures se compose de règles d'accès en amont (*Section1*) et de celles d'accès en aval (*Section 2*). Il est aussi assorti de règles de contrôle d'accès (*Section 3*)

Section 1
LE REGIME D'ACCÈS EN AMONT

Dans les règles d'accès en amont, nous comprenons les règles relatives à la prospection (§1), à l'exploration (§2) et à l'exploitation (§3), ainsi que les contrats relatifs à l'exploration et à l'exploitation des hydrocarbures (§4), les règles d'accès exceptionnelles relatives au gaz naturel associé et au gaz naturel non associé (§5) et celles relatives à la protection des droits tiers (§6)

§1 Règles de prospection

Les règles relatives à la prospection sont celles qui fixent le statut légal d'un droit de prospection (1), les conditions de son obtention (2), ainsi que les procédures de son obtention, de son renouvellement et de son abandon (3)

1 Le statut légal du droit de prospection

Le statut légal du droit de prospection signifie les règles relatives à sa forme, sa portée et sa nature (1.1), ainsi que celles relatives à sa durée et aux causes de son extinction (1.2).

1.1 Forme, portée et nature

Suivant les articles 25 et 26 de la loi portant régime général des hydrocarbures, le *droit de prospection* se présente sous la forme d'une autorisation de prospection accordée par le ministère en charge des hydrocarbures.

L'autorisation de prospection confère à son bénéficiaire le droit d'effectuer sur un bassin sédimentaire[24] des investigations, des prélèvements et des analyses nécessaires à la détection d'hydrocarbure[25] ; et lorsqu'il est mieux exercé conformément au cahier des charges, ce droit implique, pour le titulaire gratifié d'une attestation de bonne fin d'exécution des travaux, le droit à la préqualification pour la procédure d'appel d'offres[26].

N'étant pas défini comme un droit réel plaçant le site sous l'emprise juridique du titulaire, le *droit de prospection* peut s'analyser comme un droit personnel que ce dernier exerce envers l'État, auquel il doit recourir en cas de trouble émanant des tiers occupants ; sauf si l'autorisation ministérielle stipule expressément que le *droit de prospection* s'exerce *erga omnes* : il s'agirait alors d'un droit réel *sui generis*, conventionnel ou spécial[27].

Par ailleurs, le *droit de prospection* est un droit extrapatrimonial[28] et non exclusif[29]. Son extra patrimonialité signifie que le titulaire ne peut ni le céder, ni le transmettre à quelque titre que ce soit, et sa non exclusivité signifie

---

[24] Suivant l'article 2 point 3, il s'agit d'une zone géographique en dépression dans laquelle se sont accumulés, au cours des âges les sédiments d'un certain volume et produisant les hydrocarbures liquides, gazeux ou solides.

[25] Article 27 alinéa 1 de la loi portant régime général des hydrocarbures

[26] Articles 32 de la loi portant régime générale des hydrocarbures et 59 du Décret portant règlement d'hydrocarbures.

[27] Voir les différences de prérogatives entre un droit réel, un droit personnel et un droit réel conventionnel dans MUKENDI MUKENDI NTANTAMIKA, op.cit. p. 341

[28] Article 27 alinéa 3 de la loi portant régime général des hydrocarbures.

[29] Article 27 alinéa 1 de la loi portant régime général des hydrocarbures.

que le site sur lequel il porte n'est pas placé sous l'emprise juridique totale et exclusive du titulaire : l'État y conserve son droit d'y octroyer d'autres droits d'exploration, sans en léser d'autres.

1.2 Durée et causes d'extinction

Le *droit de prospection* est accordé pour une durée de douze mois, renouvelable une seule fois[30] ; et le droit renouvelé est valable pour une durée de six mois.

Dans tous les cas, le *droit de prospection* s'éteint par les causes suivantes[31] :

- *l'expiration de délais :* c'est-à-dire l'arrivé du terme extinctif de douze mois pour le droit de prospection initial et de six mois pour le droit de prospection renouvelé ;
- *la renonciation :* c'est-à-dire l'acte par le lequel le titulaire d'une autorisation de prospection signifie au ministre l'abandon de son droit ;
- *l'attribution des droits d'exploration et d'exploitation sur le bassin sédimentaire concerné :* lorsqu'au terme d'un appel d'offres ces droits sont attribués (aux prospecteurs ou à une autre personne), le droit de prospection s'éteint sur toute la partie du site sur lequel ils portent ;

Le droit de prospection peut aussi prendre fin à la suite de l'annulation de l'autorisation qui l'octroi, pour violation des prescriptions légales ou règlementaires.

2 Les conditions d'octroi du droit de prospection

Pour demander et obtenir un droit de prospection, le titulaire doit remplir les trois conditions suivantes[32] :

---

[30] Article 27 alinéa 2 de la loi portant régime général des hydrocarbures.

[31] Article 28 de la loi portant régime général des hydrocarbures.

- *être une personne morale de droit congolais ou de droit étranger* : théoriquement, il peut s'agir de toute entité revêtue de la personnalité juridique, soit un État, une collectivité territoriale, un Établissement public, une Association sans but lucratif (une Fondation ou société scientifique), une société commerciale et un Groupement d'intérêt économique. Mais en pratique, l'intérêt principal d'une prospection étant l'obtention ultérieure d'un droit d'exploitation, il s'agira toujours de ces deux dernières entités. Sans exclure la possibilité que l'État recoure à un établissement public ou une société scientifique qualifiés ;
- *souscrire à un cahier des charges* : le requérant doit ainsi préalablement prendre connaissance des conditions spécifiques d'exercice du *droit de prospection*, fixées par le ministre en charge des hydrocarbures et s'engager formellement à les respecter ;
- *présenter une étude d'impact environnemental* : le requérant doit, conformément à la législation sur la protection de l'environnement, faire réaliser sur le site visé une étude d'impact environnemental et social (EIES), sanctionné par un certificat environnemental de l'Agence Congolaise de l'Environnement (ACE). L'EIES doit être assortie d'un Plan de Gestion Environnementale et Sociale (PGES) du projet, validé par le Fond National de Promotion et de Service social[33] (FNPSS) ;

En dehors de ces trois conditions, la loi portant régime générale des hydrocarbures ne lie pas l'octroi ou l'exercice d'un droit de prospection au paiement d'un droit ou d'une redevance quelconque. Il n'empêche que le requérant soit

---

[32] Article 25 de la loi portant régime général des hydrocarbures

[33] Articles 20 à 34 du Décret n° 14/019 du 02 août 2014 fixant les règles de fonctionnement des mécanismes procéduraux de la protection de l'environnement

obligé de payer les taxes rémunératoires des prestations administratives réalisées à son profit, tant pour l'obtention que pour l'exercice de son droit.

3 Procédures d'obtention d'un droit de prospection, de son renouvellement et de son abandon

3.1 La procédure d'obtention

La procédure d'obtention d'un droit de prospection se déroule en trois phases : la demande d'accès à la Banque des données pétrolières et gazières (3.1.1), la réalisation de l'EIES et l'élaboration d'un PGES (3.1.2), ainsi que la demande et l'octroi de l'autorisation de prospection (3.1.3)

3.1.1 La demande d'accès à la Banque des données pétrolières et gazières

De primes abords, le requérant désirant obtenir une autorisation de prospection introduit au ministère des hydrocarbures une demande d'accès à la Banque de données pétrolières et gazières[34].

La demande en question est adressée au ministre des Hydrocarbures, avec copie pour information au secrétaire général du ministère. Elle doit être motivée et accompagnée de pièces d'identification du requérant.

L'accès à la Banque de données pétrolières et gazières est conditionné par le paiement d'une taxe rémunératoire.

3.1.2 La réalisation de l'EIES et l'élaboration du PGES

Après avoir localisé le site de prospection dans la Banque de données pétrolière et gazières, le requérant requiert l'ACE, afin d'y réaliser une EIES suivant la procédure prescrite par le Décret n° 14/019 du 02 août 2014 fixant les règles de fonctionnement des mécanismes procé-

[34] Article 43 du Décret portant règlement des hydrocarbures.

duraux de la protection de l'environnement, à ces articles 20 à 34.

Ainsi :

- le requérant adresse à l'ACE une demande de réalisation de L'EIES qui l'informe de son opportunité et de sa nécessité ;
- puis il recrute un Bureau d'étude environnementale qui réalise l'EIES et le soumet à l'ACE pour évaluation et délivrance du certificat environnemental ;
- après l'obtention du certificat environnemental, le requérant élabore son PGES et le soumet à une évaluation de l'ACE qui, à son tour, requiert l'avis du FN-PSS pour validation ;

3.1.3 La demande et l'obtention de l'autorisation de prospection

Muni du résultat de l'EIES assorti du certificat environnemental et du PGES validé, le requérant constitue le dossier de demande de prospection ; et il l'introduit auprès du ministre des Hydrocarbures, avec copie au Secrétaire général du ministère.

Après le dépôt de la demande, le requérant se procure, contre paiement d'une taxe, le cahier des charges fixant les conditions techniques et autres de réalisation des travaux de prospection. En cas de consentement aux clauses du cahier des charges, il y souscrit, et le ministre lui accorde, par voie d'arrêté ministériel, l'autorisation de prospection.

L'arrêté ministériel portant autorisation de prospection comprend principalement le numéro à inscrire au registre, la situation géographique du site de prospection, sa délimitation, sa durée et le chronogramme des travaux.

3.2 La procédure de renouvellement

L'article 56 alinéa 2 du décret portant règlement des hydrocarbures stipule : « Sous peine de nullité, la demande de renouvellement de l'autorisation de prospection doit parvenir au ministre deux mois avant l'expiration de la période en cours ». En clarifiant les termes de cette disposition, nous pouvons en déduire la procédure de renouvellement d'une demande de renouvellement d'une autorisation de prospection.

En effet, s'il désire exercer son droit légal au renouvellement de l'autorisation de prospection, en vue de poursuivre les travaux, le titulaire doit adresser au ministre des Hydrocarbures une demande de renouvellement. Les termes « parvenir au ministre deux mois avant l'expiration de la période en cours » signifient que la demande doit être introduite deux mois avant la date de l'expiration de l'autorisation initiale ; et ce délai doit être compté à partir, non de la date de la lettre de demande, mais de celle de sa réception au cabinet du ministre.

La demande de renouvellement doit contenir les motivations, l'indication des travaux effectués et ceux en cours, leurs résultats et leur évaluation.

3.3 La procédure d'abandon

Pour mieux exposer la procédure d'abandon d'un droit de prospection, il faut en clarifier les termes règlementaires (3.3.1), ainsi que la procédure de renonciation (3.3.2)

3.3.1 Clarification des termes règlementaires

La procédure d'abandon est prévue par le décret portant règlement des hydrocarbures à son article 57en des termes qu'il faut clarifier de la manière suivante :

a) article 57 alinéa 1 :

L'abandon du *droit de prospection* se fait par renonciation. Cette disposition règlementaire stipule : « le bénéficiaire de l'autorisation de prospection, qui souhaite y renoncer, adresse au ministre une lettre motivée de renonciation au moins 15 jours avant l'expiration du droit de prospection ». Cette formulation doit être explicitée.

En effet, en exigeant que la lettre de renonciation soit introduite au moins 15 jours avant *« l'expiration du droit de prospection »*, cela signifie, en d'autres termes, que le titulaire n'est admis à y renoncer que dans la période comprise entre la date de l'octroi de l'autorisation de prospection et celle du 15ième jour avant l'expiration de cette dernière. À dater du 14ième jour avant la date de cette expiration, le *droit de prospection* est sensé être en voie d'expiration et le titulaire ne peut logiquement y renoncer.

Il en résulte qu'à dater du 14ième jour avant l'expiration du droit de prospection, le titulaire ne peut prétendre y renoncer ; il doit attendre le jour de l'expiration effective de son droit pour se soumettre à l'évaluation de son exercice sanctionnée par l'attestation de bonne fin d'exécution des travaux. Sauf son droit de renoncer au *droit de préqualification* à l'appel d'offres pour l'attribution des droits d'exploration et d'exploitation (résultant de l'octroi de cette attestation), il ne peut échapper aux éventuelles sanctions prévues pour inexécutions totale ou partielle de telle ou telle autre obligation prescrite par l'autorisation de prospection et le cahier des charges y relative.

b) article 57 alinéa 3 :

Suivant cette disposition règlementaire, la renonciation est subordonnée à deux conditions :

- la remise au ministre de toutes les données brutes et traitées sous tout format admissible dans l'industrie pétrolière internationale, du rapport sur les activités réalisées et des échantillons prélevés ;
- et la remise en état du site ;

Prise au pied de la lettre, cette disposition signifie que la renonciation ne produit aucun effet si les deux conditions ne sont pas remplies. En d'autres termes, le titulaire reste comme lier à une obligation de poursuivre les travaux de prospection, jusqu'à ce qu'il les accomplisse. Ce qui est manifestement un contresens, car légalement le *droit de prospection* reste un droit, et il ne saurait se transformer implicitement en une obligation à charge du titulaire qui veut y renoncer pour perte d'intérêt ou des moyens de l'exercer.

Pour rester dans la légalité, cet article 57 alinéa 3 devrait signifier logiquement, non les conditions de validité d'une renonciation à un droit de prospection, mais les obligations imposées au titulaire qui renonce à son droit. Il en résulterait que le titulaire peut librement renoncer à son droit de prospection au moins 15 jours avant son expiration, mais cette renonciation implique à sa charge les obligations prescrites à l'article 57 alinéa 3 en question, et au profit de l'administration le droit de se ménager les moyens de contraintes pour les faire accomplir.

3.3.2 Clarification de la procédure de renonciation

L'article 57 du décret portant règlement d'hydrocarbures étant ainsi expliqué, la procédure de renonciation peut être décrite comme suit :

- à tout moment, dans la période comprise entre l'obtention de son droit de prospection et le 15ième jour avant son expiration, le titulaire signifie au ministre des hydrocarbures sa décision d'y renoncer ;
- dans les huit jours suivant la réception de cette lettre de renonciation, le ministre en prend acte et le droit est éteint ;
- le titulaire, sous le contrôle de l'administration, entame les travaux relatifs aux obligations prescrites à l'article 57 alinéa 3 susindiquées.

§2 Règles d'exploration

Par règles relatives à l'exploration, il faut entendre celles qui fixent le statut légal d'un droit d'exploration **(1)**, les conditions de son obtention **(2)**, les procédures de son attribution **(3)**, les conditions et la procédure de son renouvellement **(4)**, ainsi que la procédure d'abandon d'un bloc d'exploration **(5)**

1 Le statut légal d'un droit d'exploration

Par statut légal du droit de prospection, nous entendons les règles relatives à sa forme, sa portée et sa nature (1.1), ainsi que celles relatives à sa durée et aux causes de son extinction (1.2).

1.1 Forme, portée et nature

Suivant l'article 33 de la loi portant régime général des hydrocarbures, le *droit d'exploration* est l'effet d'un *contrat de partage de production* ou d'un *contrat de service* signé entre le titulaire et l'État.

Ce droit emporte pour le titulaire l'engagement à procéder, sur un site sédimentaire prospecté et constitué en *bloc d'exploration*, à effectuer le forage et d'autres prélèvements nécessaires à l'évaluation quantitative et qualitative des hydrocarbures, ainsi qu'à faire une étude de faisabilité sur l'exploitation du gisement. À cet effet, il a :

- le droit d'occupation du sol, afin d'y construire les installations nécessaires
- le droit d'utilisation des ressources en eau et forestières nécessaires à l'exploration.
- le droit d'obtenir, aux conditions légales et règlementaires, le droit d'exploitation du gisement exploré.

Contrairement au *droit de prospection*, le *droit d'exploration* est un droit exclusif. Cette exclusivité signifie que l'État ne peut, sur le même site, octroyé un autre *droit d'exploration* ; car l'intérêt commercial ou économique du titulaire justifiant son engagement, pourrait en pâtir.

Bien que la loi portant régime général des hydrocarbures présente le *droit d'exploration* comme un *droit de jouissance*, les modalités de son exercice dans le cadre d'un *contrat d'hydrocarbures*, et l'appropriation par l'État des hydrocarbures produits en font en réalité une *obligation de faire et de donner* : comme démontré ci-avant, le titulaire est plus prestataire de service et fournisseurs des biens nécessaires à l'exploration au profit de l'État, et ce, en contrepartie du *cost oil* , c'est-à-dire une part d'hydrocarbures produits, équivalente au coût des biens et services fournis pour l'exploration.

En raison de cette contrepartie générée par son exercice, le *droit d'exploration* est un droit cessible et transmissible ; en d'autres termes, le titulaire est autorisé de céder, à travers son *droit d'exploration*, sa part d'hydrocarbures promise par le contrat au titre de *cost oil ;* de sorte que, suivant l'article 79 de la loi portant régime général des hydrocarbures, cette cession n'est possible qu'après l'exécution d'un programme minimum de travaux et de dépenses y afférent donnant de la consistance au *cost oil*.

1.2 Durée et causes d'extinction d'un droit d'exploration.

Suivant l'article 50 alinéa 2 et 3, le *droit d'exploration* est accordé pour une durée initiale de trois ans à compter de l'entrée en vigueur du contrat. Il est renouvelable deux fois pour la même durée. Toutefois, cette durée peut être de quatre ans, s'il s'avère que les bassins sédimentaires sont d'accès difficile ou fort couteux.

Suivant l'article 96 de la loi portant régime général des hydrocarbures, lorsqu'il porte sur les hydrocarbures non conventionnels, la durée d'un *droit d'exploration*, incluant la période de renouvellement, ne peut excéder 10 ans.

En ce qui concerne son extinction, le *droit d'exploration* est affecté par les causes de cessation d'effets du contrat, dont il procède, telles qu'indiquées à l'article 47 de la loi portant régime général des hydrocarbures, soit : la nullité, la révocation consensuelle, résiliation, renonciation et échéance du terme extinctif légal

2 Conditions d'obtention et d'exercice d'un droit d'exploration

2.1 Les conditions d'obtention

Il ressort de certaines dispositions de la loi portant régime général des hydrocarbures et du décret portant règlement d'hydrocarbures que l'obtention d'un *droit d'exploration* est soumise à des conditions préalables.

En effet, pour obtenir un droit d'exploration il faut :

- *être une personne morale de droit congolais ou étranger* : cette condition ressort de l'article 33 alinéa 2 de la loi portant régime général des hydrocarbures. Étant donnée la finalité commerciale du *contrat de partage de production ou de service* attributif du *droit d'exploration*, il s'agira, non de toute personne morale, mais d'une société commerciale ou d'un Groupe d'intérêt économique
- *avoir été régulièrement sélectionnée au terme d'un appel d'offres :* le *droit d'exploration* ne peut être attribué qu'au terme d'un appel d'offres ouvert ou restreint[35].
- *avoir signé un contrat d'association avec la société nationale :* pour obtenir le droit d'exploration, la société sélectionnée au terme de l'appel d'offres doit signer un contrat d'association avec la société nationale pour constituer le *contractant*, à travers qui il doit

[35] Article 33 alinéa 1 de la loi portant régime général des hydrocarbures

signer le *contrat d'hydrocarbures* attributif de ce droit.

2.2 Conditions d'exercice

Suivant certaines dispositions légales et règlementaires, une fois obtenu, le *droit d'exploration* est comme affecté de cinq conditions suspensives qui doivent être accomplies avant qu'il ne soit exercé. Il s'agit de :

- *l'approbation du contrat d'hydrocarbure attributif* : après sa signature entre le ministre en charge des hydrocarbures et le contractant, le contrat d'hydrocarbures ne produit ses effets qu'après son approbation par le Président de la République[36], de sorte que c'est après cette approbation que le titulaire peut l'exercer valablement ;
- *se constituer en une société de droit congolais* : suivant l'article 22 alinéa 3 de la loi portant régime général des hydrocarbures, la personne morale de droit étranger est tenue de constituer une société de droit congolais, soit une filiale, aux fins d'exercice des activités d'exploration et d'exploitation ;
- *le paiement du bonus de droit d'exploration :* l'octroi du *droit d'exploration* se fait en contrepartie du paiement d'un bonus, exigible après l'approbation du contrat attributif[37]. Le non-paiement du bonus dans le délai fixé par l'administration entraine la résiliation du dit contrat ;
- *la constitution d'une garantie de bonne exécution du programme minimum des travaux :* avant d'entamer les travaux d'exploration, le contractant doit constituer, dans une Banque agréée en République Démoc-

[36] Article 41 alinéa 2 de la loi portant régime général des hydrocarbures

[37] Article 86 du Décret portant règlement d'hydrocarbures.

ratique du Congo, la garantie financière de bonne exécution du programme minimum des travaux convenu dans le contrat[38] ;

- *la souscription d'une police d'assurance :* dès que son *droit d'exploration* est approuvé, le *contractant* doit souscrire une police d'assurance couvrant les risques de son exercice[39] ;
- *le dépôt d'une caution garantissant la responsabilité du fait de dommage causé aux tiers par l'occupation des terrains :* le *contractant* est tenu de réparer les dommages causés aux tiers riverains des terrains affectés par l'exercice de son droit d'exploration. Pour garantir cette responsabilité, il doit constituer une caution financière[40].

3 La procédure d'attribution

De prime abord, il faut clarifier la terminologie légale de la procédure **(3.1)**, et ce, pour mieux indiquer les phases de déroulement de la procédure d'attribution d'un droit d'exploration, soit la constitution des blocs ouverts à l'exploration **(3.2)**, l'appel à manifestation d'intérêt et l'appel d'offres restreint **(3.3)**, ainsi que la négociation, la signature et l'approbation du contrat **(3.4)**.

3.1 Clarification terminologique de la procédure légale

Il faut ici faire la distinction entre les termes « avis à manifestation d'intérêt », « appel d'offres ouvert » et « appel d'offres restreint » **(3.1.1)**, afin de proposer une interprétation qui démêle la confusion qu'en fait la loi **(3.1.2)**

3.1.1 Distinction entre appel d'offres ouvert, appel d'offres restreint et appel à manifestation d'intérêt

[38] Article 96 du Décret portant règlement d'hydrocarbures.

[39] Article 70 de la loi portant régime général des hydrocarbures

[40] Article 71 de la loi portant régime général des hydrocarbures.

Un appel d'offre ouvert est une procédure comportant un appel public à la concurrence[41], de sorte que toute personne intéressée peut soumissionner ; ceci contrairement à un appel d'offre restreint où, au lieu d'un appel public, l'administration adresse des invitations à déposer les candidatures à quelques personnes qu'elle estime utile de consulter[42].

Et traditionnellement, un appel à manifestation d'intérêt constitue un mode de présélection des candidats qui seront invités à soumissionner lors des futures procédures d'appels d'offres restreints. La procédure est d'abord ouverte à toute personne intéressée, puis suivie d'une présélection des candidats. Les candidats présélectionnés sont enfin invités à concourir dans un appel d'offres restreint.

Ainsi défini, un appel à manifestation d'intérêt peut se décrire comme un appel d'offre restreint, assortie d'une phase probatoire préalable, où sont identifiées les personnes qui peuvent y participer.

3.1.2 Interprétation clarificatrice de la confusion légale

En instituant la procédure d'attribution d'un *droit d'exploration*, la loi portant régime général des hydrocarbures peine à distinguer celle d'appel d'offre ouvert ou restreint et celle d'appel à manifestation d'intérêt, de sorte qu'il faut proposer une interprétation qui la clarifie sur ce point.

En effet, cette procédure est qualifiée de « *procédure d'appel d'offre* » dans l'intitulé de la section 2 du chapitre 3 du Titre 2 de la loi en question ; mais à son article 36, elle la décrit comme celle d'un appel à manifestation d'intérêt, qui est sémantiquement différente d'un appel d'offre ; et à son article 37, elle offre la possibilité de recourir à un appel d'offres restreint en cas de difficulté d'accès.

---

[41]Gerard CORNU, Vocabulaire Juridique, PUZ, 8e édition, Paris, 2007
[42] Gérard CORNU, Vocabulaire juridique, PUF, 8e édition, 2007

Bien que le Décret portant règlement d'hydrocarbures reprend la même qualification d'appel d'offres, c'est une procédure classique d'appel à manifestation d'intérêt qu'il décrit et précise à ses articles 60 à 80, c'est-à-dire une présélection des candidats devant être invités à concourir à un appel d'offre restreint.

Cependant, cette confusion légale nous laisse la possibilité d'une interprétation qui restitue à la procédure d'attribution d'un *droit d'exploration* sa vraie qualification ; dans la mesure où c'est dans les intitulés des rubriques de dispositions y relatives que la loi et le Décret en question emploient les termes erronés d'appel d'offres, alors que dans leurs dispositions, ils emploient les termes avis à manifestation d'intérêt.

Étant donné que ce sont les dispositions d'un texte qu'on applique et non les intitulés de rubrique de ces dispositions, nous pouvons ignorer les termes « appel d'offre » et affirmer, contrairement à l'article 60 du règlement d'hydrocarbures, qu'il y a légalement deux procédures d'attribution d'un droit d'exploration : *l'appel à manifestation d'intérêt* (ou l'appel d'offre restreint précédé d'un appel à manifestation d'intérêt) et *l'appel d'offres restreint simple* prévu à l'article 37 de la portant régime général des hydrocarbures.

3.2 La constitution des *blocs ouverts à l'exploration*

Après l'identification d'un bassin sédimentaire au moyen de la prospection, le ministre le subdivise, par voie d'arrêté, en *blocs ouverts à l'exploration*, conformément à la procédure décrite aux articles 39 à 46 du Décret portant règlement d'hydrocarbures.

Les *blocs ouverts à l'exploration* sont catégorisés suivant leurs niveaux d'accessibilité, déterminés notamment par le niveau de connaissance géologique, le niveau de risque géologique, le niveau de connaissance de la réserve, le niveau de disponibilité des infrastructures de base (route, réseau d'électricité ou d'eau...), le niveau de disponibi-lité des hydrocarbures et le niveau de risque environne-mental.

Suivant ces critères, le décret portant règlement d'hydrocarbures catégorise, à son article 46, ces blocs en :

- *blocs de catégorie A* présentant des meilleures conditions d'accessibilité
- *blocs de catégorie B* présentant des bonnes conditions d'accessibilité
- *blocs de catégorie C* présentant d'assez bonnes conditions d'accessibilité
- *blocs de catégorie D* présentant des conditions d'accessibilité plus ou moins laborieuses.

Au plan procédural, cette catégorisation des blocs détermine le choix de la procédure d'attribution des droits d'exploration : il est fait recours à un appel à manifestation d'intérêt lorsque les conditions offrent un accès facile ; et, suivant l'article 37 de la loi portant régime général des hydrocarbures, il est fait recours à un appel d'offre restreint simple lorsque l'accès est jugé difficile.

3.3 L'appel à manifestation d'intérêts suivi de l'appel d'offre restreint

3.3.1 L'appel à manifestation d'intérêt

La procédure d'appel à manifestation d'intérêt est telle que décrite aux articles 61 à 80 du décret portant règlement d'hydrocarbures et se déroule comme suit :

- *présentation au Conseil des ministres du projet d'organisation de l'appel à manifestation d'intérêt* : ce projet est un dossier indiquant le bloc visé, le niveau de son accessibilité ou sa catégorisation et le chronogramme de la procédure. Il doit être approuvé par le Conseil des ministres (article 61) ;
- *la mise en place d'une commission ad hoc chargé d'organiser l'appel à manifestation d'intérêt* : après

l'approbation gouvernementale, le ministre met en place une *Commission ad hoc* pour organiser la procédure d'attribution ;

- *préparation du dossier d'appel à manifestation :* une fois instituée, la *Commission ad hoc* constitue le dossier d'appel à manifestation d'intérêt comprenant notamment la description du bloc, le projet de contrat et le cahier des charges ;
- *lancement de l'avis à manifestation d'intérêt et campagne de promotion :* la *commission ad hoc* lance par voie de presse un appel public à manifestation d'intérêt et organise une campagne publique de promotion. L'avis à manifestation d'intérêt comprend l'identification du bloc, la date de dépôt des plis et la présentation de la société nationale d'hydrocarbures ;
- *réception et dépouillement des plis :* la *commission ad hoc* réceptionne les plis des candidats jusqu'à la date indiquée pour la clôture, puis elle convoque les candidats à la séance publique d'ouverture des plis ;
- *évaluation des offres et rapport de présélection :* la *commission ad hoc* procède ensuite à l'analyse des offres suivant les critères fixés et fait un rapport des résultats qu'il soumet au ministre ;
- *notification des résultats aux candidats :* après réception du rapport, le ministre notifie à chaque candidat sa présélection ou sa disqualification ;
- *examen des recours des candidats disqualifiés :* ces derniers ont 5 jours à dater de la notification pour introduire le recours auprès du ministre. Les recours sont examinés par la *commission ad hoc* qui dresse après un rapport final ;
- *présentation du rapport final au Conseil des ministres et publication :* le rapport final est transmis au ministre qui le soumet à la délibération du Conseil des ministres. Après délibération, le rapport est publié assor-

ti d'une liste des sociétés présélectionnées et disqualifiées.

3.3.2 L'appel d'offre restreint

Après la procédure de présélection, le ministre ouvre une procédure d'appel d'offres restreint, c'est-à-dire une consultation des candidats présélectionnés qui se déroule comme suit :

- *l'invitation à l'appel d'offres et communication du cahier des charges aux sociétés présélectionnées :* après la présélection, le ministre envoie à chaque société présélectionnée une lettre d'invitation à soumissionner à l'appel d'offres ; et il leur communique, à l'occasion, le dossier y relatif et un cahier des charges, contre paiement d'une taxe ;
- *formulation des offres et réalisation de l'EIES :* les candidats formulent des offres financières et des offres techniques intégrant l'EIES[43], assorti du certificat environnemental et le PGES, établis conformément à la procédure de la loi et du Décret relatifs à la protection de l'environnement ;
- *la soumission des offres techniques et financières* : les sociétés présélectionnées soumettent chacune ses offres techniques et financières conformément au règlement d'hydrocarbures et au cahier des charges ;
- *la vérification de la capacité technique et financière* : après réceptions des offres, le ministre organise (par la *commission ad hoc*) une mission de vérification auprès des soumissionnaires portant sur leurs capacités juridiques, institutionnelles, financières et technologiques ;
- *présentation du rapport de vérification et approbation du Conseil des ministres* : après la mission de vérifi-

[43] Article 72 point *d* du décret portant règlement d'hydrocarbures

cation, la *Commission ad hoc* présente son rapport au ministre qui le valide endéans 15 jours et le soumet à l'approbation du Conseil des ministres ;

- *notification des conclusions du rapport et publication du nom du candidat retenu :* après l'approbation du Conseil des ministres, le ministre notifie à chaque soumissionnaire les conclusions du rapport de vérification et publie le nom de la société ou du GIE retenu pour signer le contrat ;
- *introduction et examen des recours* : dans les 15 jours qui suivent la publication du nom du soumissionnaire retenu, le soumissionnaire non retenu peut introduire un recours contre les conclusions du rapport de vérification pour un règlement à l'amiable[44] ;

Cette procédure d'appel d'offre restreint est celle qui fait suite à un appel à manifestation d'intérêt ; elle se distingue de celle prévue à l'article 37 de la loi portant régime général des hydrocarbures suivant lequel, lorsqu'il s'agit d'un bloc présentant un niveau d'accessibilité faible, le ministre peut recourir à un appel d'offre restreint avec l'autorisation du Conseil des ministres. Il procède dans ce cas à des consultations directes sans passer par la procédure de présélection, c'est-à-dire par un appel à manifestation d'intérêt

3.4 Négociations et constitution d'une association d'exploration et d'exploitation des hydrocarbures

Dans les 15 jours qui suivent la notification des conclusions du rapport au soumissionnaire retenu, le ministre lui transmet le projet de contrat et met en place une commission d'experts du ministère des finances et des

[44] Article 78 du décret portant règlement d'hydrocarbures.

hydrocarbures pour entamer les négociations[45]. Celles-ci sont menées en présence de la société nationale.

Si les négociations aboutissent, le soumissionnaire retenu signe avec la société nationale et, éventuellement d'autres entreprises intéressées, un *contrat d'association*, en vue de signer conjointement le *contrat de partage production* avec l'État. Le *contrat d'association* doit être approuvé par le ministre des Hydrocarbures[46].

L'association ainsi créée forme une entité dite *Contractant* qui, sans avoir une personnalité juridique, est une formule de représentation des associés vis-à-vis du Gouvernement et de l'administration, au sein du contrat d'hydrocarbures. Il en résulte que pour agir en justice, l'action du *Contractant* n'est peut être recevable que si elle est initiée conjointement par toutes les entreprises parties au *contrat d'association.*

3.5 Signature et approbation du contrat d'hydrocarbures

Après l'approbation du *contrat d'association* par le ministre en charge des hydrocarbures, ce dernier convie les associés à signer avec lui le *contrat d'hydrocarbures* prévu, qu'il transmet ensuite au Président de la République pour approbation. Après l'approbation présidentielle, les associés accomplissent les conditions préalables, définies ci-avant pour exercer le droit d'exploration ainsi octroyé.

4 Conditions et procédure de renouvellement

4.1 Conditions de renouvellement

---

[45] Articles combinés 79 et 82 du Décret portant règlement d'hydrocarbures

[46] Article 16 de la loi portant régime général des hydrocarbures et 60 alinéa 2 du décret portant règlement d'hydrocarbures.

Le renouvellement du contrat d'hydrocarbure est possible à l'expiration du délai de 3 ans fixé pour la validité d'un droit d'exploration. Pour ce faire, le *Contractant*, soit l'association créée par le soumissionnaire retenu et la société nationale doit :

- avoir exécuté le programme minimum des travaux convenus dans le contrat[47]
- Présenter un programme des travaux approuvé par le comité d'opération pour la période de renouvellement[48].
- présenter un rapport technique détaillé des travaux d'exploration[49].
- restituer à l'État au moins la moitié de la superficie couverte par le droit d'exploration
- payer le bonus de renouvellement[50].

4.2 La procédure de renouvellement

La demande et l'obtention du renouvellement d'un droit d'exploration suivent la procédure suivante :

- six mois avant l'expiration du droit d'exploration, le *Contractant* introduit la demande de renouvellement auprès du ministre, avec copie au secrétaire général du ministère des hydrocarbures[51] ;
- trois mois avant l'expiration du droit d'exploration, il présente un rapport technique détaillé motivant sa demande[52] ;

---

[47] Articles 51 alinéa 1 de la loi portant régime général des hydrocarbures et 91 du décret portant règlement des hydrocarbures.

[48] Articles 51 alinéa 1 de la loi portant régime général des hydrocarbures et 91 du décret portant règlement des hydrocarbures.

[49] Articles 52 de la loi portant régime général des hydrocarbures et 88 du décret portant règlement des hydrocarbures.

[50] Article 51 alinéa 2 de la loi portant régime général des hydrocarbures et 92 du décret portant règlement des hydrocarbures.

[51] Article 90 du décret portant régime général des hydrocarbures.

[52] Article 88 du décret régime général des hydrocarbures.

- dans la foulé de la demande, il présente au ministre la délimitation de la superficie du bloc rendue à l'État et celle sur laquelle doit porter le droit d'exploration renouvelé et le ministre prend un arrêté modifiant la superficie du bloc ouvert à l'exploration qui est enregistré et notifié au requérant ;
- le ministre communique le dossier de demande de renouvellement au Conseil des ministres et prend l'arrêté y relatif ;
- et le *Contractant* paie le bonus de renouvellement.

5 Conditions et procédure d'abandon du *bloc d'exploration*

L'abandon d'un *bloc d'exploration* signifie la cessation des travaux d'exploration sur tout ou partie de sa superficie. Cette cessation intervient en cas d'exploration infructueuse ou non concluante.

Dans ce cas, le titulaire d'un *droit d'exploration* est tenu de remettre, à sa charge, le site en état en réalisant les travaux d'abandon dans les conditions légales et règlementaires prescrites. Pour ce faire, il procède de la manière suivante, telle que décrite aux articles 164 à 167 de la loi portant régime général des hydrocarbures et 369 du décret portant règlement d'hydrocarbures :

- six mois avant l'abandon effectif, le titulaire du droit d'exploration informe le ministre de sa décision et lui transmet le plan d'abandon et de réhabilitation du site pour approbation ;
- après approbation de son plan, le titulaire entame les travaux d'abandon qui consiste en la remise en état du site suivant les prescriptions légales, contractuelles et règlementaires ;
- à la fin des travaux d'abandon, le ministre délivre au titulaire un certificat d'exécution.

§3 Règles d'exploitation

Les règles d'accès relatives à l'exploitation sont celles qui fixent le statut légal d'un droit d'exploitation (1), les conditions de son obtention (2), les procédures de son attribution et d'autorisation de son exercice (3), les conditions et les procédures de son renouvellement et de renonciation au droit au renouvellement, (4) ainsi que la condition et la procédure d'abandon d'un bloc d'exploitation (5)

1 Le statut légal d'un droit d'exploitation

Il s'agit ici d'expliquer les règles relatives à la forme d'un droit d'exploitation, à sa portée et sa nature (1.1), ainsi qu'à sa durée et aux causes de son extinction (1.2).

1.1 Forme, portée et nature

A la signature d'un *contrat d'hydrocarbures*, le *droit d'exploitation* en est un effet virtuel à côté du *droit d'exploration*, c'est-à-dire qu'il est un droit conditionnel, dont la naissance effective intervient à la fin de l'exercice fructueux du *droit d'exploration.*

Dès qu'il devient effectif après l'exploration, le *droit d'exploitation* consiste en des activités de développement et de production sur le gisement d'hydrocarbures, mis à jour par l'exploration. Le développement signifie la construction du puit et le déploiement de l'équipement nécessaire au forage ; la production consiste en l'extraction des hydrocarbures à des fins commerciales (vente) ou économiques (fabrication des produits finis ou semi-finis). L'exercice du *droit d'exploitation* implique le droit d'occupation du sol et le droit d'accès aux ressources forestières et hydriques nécessaires[53].

[53] Article 68 de la loi portant régime général des hydrocarbures.

Le *droit d'exploitation* est un droit exclusif, c'est-à-dire qu'il ne peut subir la concurrence d'un autre droit similaire sur son site d'exercice.

Le *droit d'exploitation* partage la même nature qu'un *droit d'exploration* telle qu'expliquée ci-avant, c'est-à-dire qu'en pratique, il s'agit, non d'un droit de jouissance, mais d'une *obligation de faire et de donner* que le titulaire exécute au profit de l'État, en contrepartie d'un remboursement des dépenses effectuées au moyen du *cost oil* et d'une rémunération au moyen d'une part d'hydrocarbures produits dit *profit oil*.

1.2 Durée et causes d'extinction

Le *droit d'exploitation* est accordé pour une durée qui ne peut excéder 20 ans, c'est-à-dire de sorte elle peut être de moins de 20 ans et pas plus. Cette durée court à partir de l'arrêté portant approbation du plan de développement et de production élaboré au terme de l'exploration[54].

La loi n'ayant pas fixé la durée minimale d'un droit d'exploitation, elle peut être en pratique déduite du timing raisonnable d'exécution du plan de développement et de production élaboré par le titulaire.

Suivant l'article 96 de la loi portant régime général des hydrocarbures, lorsque le *droit d'exploitation* porte sur les hydrocarbures non conventionnels, sa durée, incluant la période de renouvellement, ne peut excéder 35 ans.

Les cause d'extinction d'un *droit d'exploitation* sont les mêmes que celles d'un *droit d'exploration* indiquées ci-avant.

---

[54] Articles 55 et 60 de la loi portant régime général des hydrocarbures et 99 du décret portant règlement d'hydrocarbures.

2 Les conditions d'obtention et d'exercice d'un droit d'exploitation

Le *droit d'exploitation* s'obtient, à l'état virtuel ou conditionnel, au même moment et aux mêmes conditions que le *droit d'exploration*, telles que définies ci-avant ; il devient effectif et, partant, peut être valablement exercé sous les conditions légales suivantes :

- démontrer, au terme de l'exploration, la commercialité du gisement d'hydrocarbures par un rapport au ministre qui rend effectif le *droit d'exploitation* ;
- la présentation d'un plan de développement et de production[55] assorti d'une EIES et d'un PGES réalisés conformément à la législation sur la protection de l'environnement[56] ;
- l'approbation du dit plan de développement et de production par arrêté ministériel ;
- souscrire une police d'assurance couvrant les risques liés aux activités de développement et de production ;
- constituer une caution financière garantissant la réparation des dommages causés aux tiers riverains du gisement ;

À part ces conditions légales et règlementaires, les parties au contrat d'hydrocarbures peuvent convenir d'autres conditions d'exercice du *droit d'exploitation.*

3 Les procédures d'attribution et d'autorisation d'exercice d'un droit d'exploitation

3.1 La procédure d'attribution

---

[55] Articles 55 et 60 de la loi portant régime général des hydrocarbures et 99 du décret portant règlement d'hydrocarbures.

[56] Article 56 point 8 de la loi portant régime général des hydrocarbures.

Le *droit d'exploitation* est attribué à l'état conditionnel simultanément avec le *droit d'exploration* et suivant la même procédure que ce dernier. Cette procédure est telle que décrite ci-avant.

Ainsi à la signature et à l'approbation d'un contrat d'hydrocarbures, le *droit d'exploitation* y est compris tel un droit conditionnel, c'est-à-dire un droit déjà né au profit du titulaire, mais qui ne devient effectif qu'après l'exercice fructueux de son *droit d'exploration* obtenu au même moment. Il devra en effet démontrer la commercialité du gisement exploré, au moyen d'un plan de développement et de production.

Donc, après l'obtention de son *droit d'exploitation* conditionnel, le titulaire doit initier une procédure en vue de démontrer l'accomplissement des conditions légales, règlementaires et contractuelles requises pour son effectivité.

3.2 La procédure d'autorisation d'exercice

La procédure d'autorisation d'exercice du *droit d'exploitation* se déroule de la manière suivante :

- *l'élaboration et la présentation du rapport sur la commercialité du gisement rendant effectif le droit d'exploitation :* dans un délai de 30 jours à dater de la fin des travaux d'exploration, le titulaire du *droit d'exploration* élabore et présente le dit rapport au ministre en charge des hydrocarbures[57]. Par cette preuve de la commercialité du gisement, il dispose de son droit d'exploitation qui, de virtuel, devient effectif[58] ;
- *élaboration et présentation d'une EIES et d'un PGES du projet :* ceci se déduit de l'article 56 point 8 de la

[57] Article 54 de la loi portant régime général des hydrocarbures
[58] Article 55 alinéa 1 de la portant régime des hydrocarbures

loi portant régime des hydrocarbures qui inclut, dans le plan de développement et de production à présenter, ces instruments de gestion environnementale du projet ;

- *élaboration et présentation d'un plan de développement et de production* : dans un délai d'un moi, (soit 31 jours) à compter de la date du dépôt du rapport sur la commercialité du gisement, le titulaire du *droit d'exploitation* soumet à l'approbation du ministre le dit plan assorti d'une EIES et d'un PGES ;
- *approbation ministérielle du plan de développement et de production* : à la vue du dit plan, le ministre, après consultation du Conseil des ministres, prend un arrêté d'approbation et de délimitation du bloc d'exploitation[59] qui vaut autorisation d'exercer le *droit d'exploitation* ;

Sous peine de déchéance, le titulaire est tenu de commencer les opérations de développement dans les 12 mois qui suivent l'approbation du plan de développement et de production.

4 Conditions et procédures de renouvellement et de renonciation au droit au renouvellement

4.1 Conditions et procédure de renouvellement

À l'expiration du *droit d'exploitation*, le titulaire peut en obtenir le renouvellement, à condition d'avoir respecté toutes ses obligations contractuelles et de présenter un nouveau plan de développement et de production pour la nouvelle période assortie d'une estimation des réserves res-tantes[60]. Ce droit au renouvellement devient effectif et peut être exercé à partir du jour marquant deux ans avant l'expiration du *droit d'exploitation.*

---

[59] Article 99 du décret portant règlement d'hydrocarbures

[60] Article 106 du décret portant règlement d'hydrocarbures

Le respect des obligations contractuelles peut se prouver par l'inexistence, au moment de la demande de renouvellement, d'une cause pouvant justifier la résiliation du contrat et par le paiement total de toutes les amendes et pénalités diverses encourues pour les éventuels manquements.

Pour obtenir le renouvellement de son *droit d'exploitation*, le titulaire procède par une notification de son intention au ministre en informant le secrétaire général des hydrocarbures deux ans avant l'expiration du dit droit ; et dans la même période, il entame les négociations sur le nouveau contrat sur base du nouveau plan de développement et de production.

Il n'est pas prévu une procédure spécifique de conclusion d'un contrat renouvelant un *droit d'exploitation.* Il faut donc se référer aux principes généraux définis à l'article 41 de la loi portant régime général des hydrocarbures et aux dispositions y relatives du décret portant régime général d'hydrocarbures. Il en résulte que la signature du dit contrat intervient après l'approbation par le ministre, après avis du Conseil des ministres, du nouveau plan de développement et de production, et le contrat entre en vigueur après son approbation par ordonnance présidentielle.

4.2 Procédure de renonciation au droit au renouvellement

Le titulaire d'un *droit d'exploitation* peut renoncer à son droit légal au renouvellement. Pour ce faire, il doit, dans les 12 mois précédant l'expiration du dit droit, notifier sa décision au ministre et en informer le secrétaire général du ministère.

Cela signifie que le droit au renouvellement devenant effectif deux ans avant l'expiration du *droit d'exploitation*, le titulaire peut y renoncer après une année, soit dans la période de 12 mois avant cette expiration.

Dès la notification de la renonciation au renouvellement du *droit d'exploitation*, le ministre en charge des hydrocarbures instruit le secrétaire général du ministère de procéder à l'évaluation des installations pétrolières et de l'environnement géophysique du site. Ce dernier dresse un rapport circonstancié à cet effet.

5 Condition et procédure d'abandon du bloc d'exploitation

L'abandon d'un *bloc d'exploitation* est la cessation des travaux d'exploitation sur tout ou partie de sa superficie. Il intervient à l'issu de l'exploitation du gisement, c'est-à-dire au moment où il cesse d'être exploitable pour une raison de rentabilité ou de risque environnemental majeur.

La procédure d'abandon d'un *bloc d'exploitation* est la même que celle d'abandon d'un *bloc d'exploration*, telle que décrite ci-avant. Sauf que, par ailleurs, le titulaire d'un *droit d'exploitation* doit accéder à la *provision d'abandon*, qu'il est obligé de constituer tout le long de l'exploitation à partir de la production du premier baril [61].

§4 L'analyse du régime contractuel d'exploration et d'exploitation des hydrocarbures

Au terme de la loi portant régime des hydrocarbures, l'État peut associer les sociétés privées à l'exploration et à l'exploitation des hydrocarbures par les *contrats d'association* et de *partage de production* **(1)**, ainsi que par le *contrat de service* et le *contrat d'assistance technique* **(2)**

1 Les contrats d'association et de partage de production

Dans le régime des *contrats d'association* et de *partage de production* dont il faut d'abords donner le fondement et les ca-

[61] Articles 169 à 171 de la loi portant régime général des hydrocarbures.

ractéristiques **(1.1)**, les parties interagissent à travers un contrat d'association en vue de l'accès aux hydrocarbures **(1.2)** et un *contrat de partage de production* **(1.3)**.

1.1 Fondement et caractéristiques

Les *contrats d'association* et *de partage de production* sont un cadre contractuel *global* et *double*, où l'État, ne disposant pas de ressources nécessaires, peut mobiliser autant d'opérateurs qu'il faut pour entreprendre l'exploration et l'exploitation d'un gisement d'hydrocarbures.

La globalité de ce dispositif contractuel signifie qu'il porte sur l'ensemble d'un projet d'accès aux hydrocarbures, c'est-à-dire la mobilisation des ressources financières, l'exploration et l'exploitation. L'État y recourt lorsque l'accès aux hydrocarbures dépasse largement ses compétences et ses capacités offertes à travers sa société publique, de sorte qu'il faille s'en remettre entièrement à des opérateurs privés pour l'ensemble des opérations d'exploration et d'exploitation. Ceux-ci prennent ainsi en charge la totalité de la chaine de valeur, en contrepartie du remboursement en nature de leurs dépenses, au moyen du *cos oil*, et d'une rémunération aussi en nature, au moyen d'une part dans le *profit oil.*

Il s'agit d'un dispositif contractuel double, car il intègre un *contrat d'association* et un contrat d'accès aux hydrocarbures dit *de partage de production.* Par le premier contrat, l'État mobilise et organise les opérateurs privés et sa société publique et, par le deuxième contrat, il organise et règlemente l'exploration et l'exploitation du gisement d'hydrocarbure qu'il leur confie.

1.2 Le contrat d'association aux fins d'exploration et d'exploitation des hydrocarbures

Pour mieux comprendre le contrat d'association en vue de l'exploration et de l'exploitation des hydrocarbures, il faut le définir (1.2.1) et ressortir sa nature juridique (1.2.2) et en préciser le contenu (1.2.3)

1.2.1 Définition

En droit des hydrocarbures, un *contrat d'association* en vue de l'exploration et de l'exploitation des hydrocarbures peut être défini comme un contrat conclu entre une ou plusieurs entreprises, agissant individuellement ou collectivement dans le cadre d'un *Groupement d'Intérêt Economique*, et une société publique d'un État propriétaire des hydrocarbures, en vue d'explorer et d'exploiter, au profit de ce dernier un gisement d'hydrocarbures, en fournissant les biens et les services nécessaires, et ce, dans le cadre d'un *contrat de partage de production.*

Ainsi défini, le contrat en question est obligatoire entre une entreprise retenue, au terme des procédures d'appel d'offres, pour obtenir le droit d'accès aux hydrocarbures et la société publique chargée de la gestion des hydrocarbures. Il peut être aussi signé avec deux ou plusieurs autres entreprises intéressées, de sorte qu'il résulte en une association dépourvue de personnalité juridique, composée d'un ou des participants privés (les entreprises) et d'un participant public (la société publique), et comme telle dénommée *Contractant.*

Dans ce cadre contractuel, les participants s'engagent conjointement envers l'État, propriétaire des hydrocarbures, à explorer et exploiter à son profit un gisement d'hydrocarbures en fournissant les biens et les services nécessaire pour ce faire, et ce, en contrepartie d'une part d'hydrocarbures produite et qu'ils se répartissent.

1.2.2 Nature juridique

Concernant sa nature juridique, le *contrat d'association* en vue de l'accès aux hydrocarbures peut être apparenté à une *société en participation*, telle que régie par *l'acte uni-*

forme de l'OHADA relatif aux sociétés commerciales et Groupement d'intérêt économique, à ses articles 854 à 863.

Au terme de ces dispositions légales, *une société en participation* peut être définie comme une société dénuée de personnalité juridique, où les participants, convenant librement de son objet, de son fonctionnement, de leurs droits et obligations, ainsi que de sa durée, s'engagent à mettre à la disposition de l'un d'entre eux leurs biens et leurs services propres, nécessaires à la réalisation de l'objet social et de s'en répartir les bénéfices.

Cette définition correspond globalement à une *association d'accès aux hydrocarbures*, dans la mesure où elle est créée sans personnalité juridique et les participants s'y engagent conjointement à accomplir une activité par l'entremise de l'un d'entre eux. Mais dans le cas d'espèce, la liberté des participants, quant à la définition des règles de l'association, est restreinte par les dispositions légales, règlementaires et contractuelles relatives à l'accès aux hydrocarbures et aux droits légaux de la société publique.

1.2.3 Contenu

Le contrat d'association en vue de l'accès aux hydrocarbures comprend principalement les clauses suivantes :

a) les clauses relatives au fonctionnement de l'association dite « contractant »

Les clauses de fonctionnement de l'association dite « contractant » sont celles qui déterminent les modalités de représentation des membres, de prise de décision, de désengagement d'un membre et de règlement des litiges.

Suivant la pratique contractuelle en cours, la représentation de l'association dite « contractant » vis-à-vis de l'État et des tiers est assurée par un de ses membres dit « opérateur » qui est, en cette qualité, chargé d'exécuter, au nom et pour le compte de tous, les obligations d'exploration et d'exploitation des hydrocarbures.

c) les clauses relatives à la prise de décision au sein de l'association dite « contractant »

Quant à aux clauses relatives à la prise de décision au sein de l'association dite « contractant », il s'agit de celles qui déterminent la forme et les conditions de validité d'une décision prise au nom de tous et les engageant à travers l'association vis-à-vis de l'État et des tiers.

Les clauses relatives au désengagement des membres de la l'association dite « contractant » sont celles qui fixent les conditions de cession de leurs parts d'intérêt.

d) les clauses d'organisation de l'exécution des obligations d'accès aux hydrocarbures

L'association dite « contractant » étant constituée en vue de l'exploration et de l'exploitation des hydrocarbures au profit de l'État, les clauses relatives à l'exécution des obligations qui en résultent déterminent le positionnement de chaque membre dans la chaine de valeur.

En effet, l'accès aux hydrocarbures en amont induit une importante chaine de valeur, c'est-à-dire des branches d'activité allant de l'extraction jusqu'à la vente, en passant par la fourniture des biens et services intermédiaires divers. Chaque membre de l'association dite « contractant » est appelé, suivant sa spécialité, à assumer un segment d'activités.

Ainsi, les clauses de l'association dite « contractant déterminent la part d'activités de chaque membre et les modalités de son intervention dans la chaine de valeur globale conduite par l'« opérateur » désignée.

e) les clauses relatives aux droits et obligations de la société publique

Comme toutes les entreprises publiques, une société publique d'hydrocarbures est par définition un outil de développement national, de sorte que ses droits et ses obligations au sein de l'association dite « contractant » sont déterminés de façon privilégiée en fonction de cette mission d'intérêt général.

En effet, la société publique d'hydrocarbures est l'instrument par lequel l'État entend faire profiter à lanation les bénéfices de l'exploitation de ses hydrocarbures, soit le transfert de technologie nécessaire au renforcement de la capacité nationale d'accès ainsi que les revenus nécessaires au développement national. Et conformément à cette fonction d'intérêt général, les principaux droits et obligations d'une société publique au sein d'une association dite « contractant » sont préalablement fixés par la loi, le règlement ou le *contrat de partage de production* et intégrés au contrat d'association par les parties.

C'est ainsi que par exemple, la loi portant régime général des hydrocarbures fixe d'autorité la part de la société nationale dans les hydrocarbures produits à un minimum de 20%[62] ; et elle l'exonère de toute obligation d'exploration et de coûts et risques y relatifs, à la charge de l' « opérateur » et, quand à l'obligation de développement (partie de l'exploitation comprenant la construction et le déploiement du matériel), elle en est aussi exonérée, mais en rembourse les coûts à hauteur de 50% maximum de sa part dans la production[63].

f) les clauses de partage entre participants des coûts et risques, ainsi que des parts d'hydrocarbures dues par l'État au titre de *cost oil* et de *profit oil*

Par les clauses de partage des coûts et risques d'accès aux hydrocarbures, les participants à un contrat d'associa-

---

[62] Article 17

[63] Article 18

tion en vue de l'accès aux hydrocarbures déterminent le partage de charges administratives, fiscales et parafiscales liées à l'obtention et à l'exercice du droit d'accès, ainsi que celles liées à la réalisation des opérations d'accès ; elles déterminent aussi, suivant leurs compétences, la répartition des risques liés à chaque activité de la chaîne de valeur.

Les parties fixent aussi la clé de répartition entre elles de la part d'hydrocarbures due au titre de *cost oil* et celle due au titre de *profit oil*. La clé de répartition peut être préétablie en pourcentage, sous forme de part d'intérêt dans l'association, c'est-à-dire chaque partie, en fonction de sa contribution initiale, aura autant de ¨pourcentage de la part d'hydrocarbures due à l'association dite « contractant » au terme du partage de production avec l'État.

1.3 Le contrat de partage de production

Une fois constituée en association dite « contractant », les participants signent avec l'État un contrat de partage de production qu'il faut définir **(1.3.1)** avant d'en exposer le contenu **(1.3.2)**

1.3.1 Définition légale et rectification au regard du fonctionnement du contrat

Les termes de la définition légale du *contrat de partage de production* sont inappropriés au regard de son fonctionnement, tel qu'il ressort de certaines dispositions légales et règlementaires. Pour mieux définir ce contrat, il nous faut donc procéder par :

a) la clarification des termes de sa définition légale à la lumière des dispositions légales et règlementaires relatives à son fonctionnement

Suivant l'article 2 point 9 de la loi portant régime général des hydrocarbures, le *contrat de partage de production* est « celui qui prévoit le partage de la production d'hydrocarbures entre l'État et la société ou le groupe de sociétés, dans lequel la société nationale détient des parts ».

Cette définition légale est faite de manière simpliste en se fondant uniquement sur sa finalité, soit le partage des hydrocarbures produits, et ses termes sont inexactes et peuvent prêter à confusion, dans la mesure où ils supposent que ce partage peut se faire, soit entre l'État et une société, soit entre l'État et un groupe de sociétés quelconque, dans lequel la société nationale détient des parts.

Cependant, à la lumière des articles 134 de la loi portant régime général des hydrocarbures et 291 et 292 du décret portant règlement d'hydrocarbures, les hydrocarbures produits sont partagés entre l'État et l'association dite « contractant » regroupant la société nationale et une ou plusieurs autres sociétés. Ce qui exclut l'hypothèse d'un partage entre l'État et une autre société, et précise la nature du groupe de sociétés dont question à l'article 2 point 9 en question.

b) la définition complète intégrant tous les éléments légaux de sa conclusion et de son fonctionnement

Suivant les articles 16 et 17 de la loi portant régime général des hydrocarbures et 83 du décret portant règlement des hydrocarbures, le *contrat de partage de production* est signé entre l'État et une ou plusieurs sociétés, ainsi que la société nationale préalablement regroupées en une association dite « contractant », chacune d'elles comparaissant individuellement à la signature du dit contrat au nom de leur association et en confient l'exécution à l'une d'elles. Et comme dit ci-avant, le partage de production se fait légalement entre l'État et l'association en question représentée par un de ses membres.

Combinant toutes ces dispositions légales et règlementaires, le *contrat de partage de production* peut être complètement défini comme un *contrat passé entre d'une part, une ou plusieurs sociétés constituée avec la société nationale en une association dite « contractant » , et d'autre part l'État, propriétaire des hydrocarbures, et en vertu duquel, ce dernier leur attribue conjointement des droits d'hydrocarbures sur un bassin sédimentaire à charge d'y effectuer, à son profit, des travaux d'exploration et, en cas de découverte d'hydrocarbures économiquement exploitables, ceux d'exploitation en lui fournissant les biens et les services nécessaires, et ce, en contrepartie d'une part d'hydrocarbures produite*.

1.3.2 Contenu

Le *contrat de partage de production* contient principalement les clauses suivantes, déduites de l'article 46 de la loi portant régime général des hydrocarbures :

a) les clauses relatives à l'organisation pratique de son exécution

Ces clauses sont principalement celles qui identifient l'opérateur qui assume envers l'État la responsabilité de l'exécution des obligations contractuelles, ainsi que celles qui, conformément à l'article 24 du décret portant règlement des hydrocarbures, régissent le fonctionnement du *Comité d'opérations*.

En effet, il peut être convenu que l'*opérateur* désigné assume envers l'État la responsabilité de l'exécution des obligations d'exploration et d'exploitation par chacune de sociétés associées au sein de l'association dite « Contractant ». Les parties peuvent convenir aussi que ces obligations sont solidaires, de sorte que l'État ait le droit de poursuivre individuellement chacune de participantes, en cas d'inexécution.

Les règles régissant le *Comité d'opérations* définissent les modalités de son fonctionnement, soit la précision de ses tâches de suivi et évaluation de l'exécution du contrat, ainsi que les modalités de leur accomplissement et les modes de décision.

b) les clauses relatives aux obligations et droits des parties

Ces clauses spécifient les obligations légales relatives à l'exploration et à l'exploitation, c'est-à-dire celles d'évaluer le gisement d'hydrocarbures, de démontrer la faisabilité de son exploitation économique, d'y déployer et d'y ériger les infrastructures nécessaires à son exploitation et d'extraire les hydrocarbures.

Pour ce faire, les sociétés participantes (dont la société nationale) à l'association dite « contractant » doivent élaborer et faire valider par le *Comité des opérations* un programme minimum des travaux détaillant les opérations à accomplir, ainsi que leur chronogramme et les prévisions budgétaires y relatives.

En contrepartie de l'exécution des obligations d'exploration et d'exploitation, le *contrat de partage de production* détermine les coûts supportés par l'association dite « contractant » à rembourser au moyen du *cost oil*, les seuils et les modalités de ce remboursement ; ainsi que les quantités d'hydrocarbures dues par l'État au titre de rémunération et les modalités de leur prélèvement.

c) les clauses relatives à la modification du contrat

Ces clauses déterminent les conditions ou les évènements dont la survenance peut donner lieu à la modification du contrat par voie d'avenant. Tel que prévu par l'article 41 de la loi portant régime général des hydrocarbures.

d) les clauses sociales, fiscales et contentieuses

Ces clauses sont celles qui déterminent, respectivement, les prestations à effectuer au titre de contribution au développement local, les droits et taxes dus à l'État et les modalités de partage des hydrocarbures produits, ainsi que les modalités de mise en œuvre des dispositions légales de règlement des litiges.

Chacune de catégorie de ces clauses font ci-dessous l'objet d'un paragraphe ou d'un chapitre de cette étude, car elles nécessitent une analyse plus ou moins ample.

2 Le contrat de services et le contrat d'assistance technique

Pour mieux comprendre les contrats de services et d'assistance technique, il faut relever la confusion de leur définition légale **(2.1)**, puis exposer distinctement la notion exacte du premier **(2.2)** et celle du second **(2.3)**

2.1 Confusion de leur définition légale

La définition légale d'un contrat de service et d'un contrat d'assistance technique est bien confuse par rapport à la signification concrète de ce dernier contrat (2.1.1), et à l'hypothèse qu'un contrat de service soit directement signé par l'État et un tiers (2.1.2)

2.1.1 Par rapport à la signification concrète d'un contrat d'assistance technique

À son article 2 point 10, la loi portant régime général des hydrocarbures donne principalement la définition d'un *contrat de services* qui inclue incidemment un *contrat d'assistance technique*, sans le définir distinctement.

En effet, suivant cette disposition légale, *un contrat de services* « est celui par lequel un tiers procède, pour le compte de l'État ou de la société nationale, à ses propres risques et frais, ou sur financement de l'État en cas de contrat d'assistance technique à la réalisation de tout ou partie des travaux pétroliers pour la mise en valeur d'un bloc moyennant une rémunération adéquate en espèce.

Il ressort de cette disposition légale que le législateur s'est dispensé de l'effort d'une définition complète et fonctionnelle de chacune de ces formes de contrat qui, pourtant, sont en pratique distinctes, comme nous le démontrons ci-dessous, dans l'exposé de leurs notions précises fait à la lumière des dispositions légales et règlementaires relatives à leur fonctionnement.

2.1.2 Par rapport à l'hypothèse qu'un contrat de service soit directement signé par l'État et un tiers

De la définition légale d'un *contrat de service*, il ressort que c'est un contrat qui peut être conclu entre l'État et un tiers. Cette hypothèse est cependant discutable au regard :

a) du cadre institutionnel des activités d'hydrocarbures

Ce cadre est tel que défini aux articles 11 à 14 de la loi portant régime général des hydrocarbures. Il en résulte que le gouvernement n'a pour mission que la planification ou l'orientation stratégique du secteur des hydrocarbures, le ministre des Hydrocarbures est chargé du contrôle, de la régulation et du suivi des activités, et l'État participe aux activités des hydrocarbures à travers sa société nationale.

Donc, il est pratiquement impossible d'envisager, dans ce cadre institutionnel, que l'État participe aux activités d'hydrocarbures en dehors de sa société nationale, en signant directement un *contrat de service* avec une société tierce.

Cependant, il peut, dans le cadre de la *loi n° 14/005 portant régime fiscal, douanier, parafiscal, des recettes non fiscales et de change applicable aux conventions de collaboration et aux projets de coopération*, signer directement avec une autre personne une *convention de collaboration*[64], constitutive d'une *société commune*[65] d'exploitation des hydrocarbures[66], dont les revenus seraient affectés au financement d'un projet d'infrastructure.

b) du régime d'attribution des droits d'exploration et d'exploitation des hydrocarbures

Ce régime est tel que défini aux articles 33 à 43 de la loi portant régime général des hydrocarbures.

Il en ressort que :

- l'attribution des droits d'exploration et d'exploitation d'hydrocarbures n'est peut être faite qu'en vertu d'un contrat de partage de production et d'un *contrat de services* (article 33 alinéa 1)
- ces droits d'exploration et d'exploitation sont ainsi contractuellement accordés à la société nationale associée à une ou des sociétés de droit congolais ou étranger et formant le « contractant » vis-à-vis de l'État (article 33 alinéa 2)

---

[64] Suivant l'article 2 point 2 de cette loi, une convention de collaboration est « une convention conclue entre l'État et un groupement d'entreprise, une entreprise ou d'autres institutions portant sur un projet de coopération sus-ceptible de contribuer de façon substantielle au développement économique et/ou social du pays »

[65]Suivant l'article 2 point 10 de cette loi, une société commune est « une société créée entre, d'une part, l'État et/ou une entreprise de l'Etat désignée et d'autre part, l'entreprise ou le groupement d'entreprise ayant conclu une convention de collaboration ou encore une autre société commune »

[66]Suivant l'article 2 point 11 de cette loi, une société commune peut avoir pour objet l'exploitation d'un titre des hydrocarbures

- le *contrat de service* est signé à la suite d'un appel d'offres entre d'une part les sociétés sélectionnées associée à la société nationale et formant le « contractant », et d'autre part l'État (article 40)

Suivant toutes ces dispositions légales, un *contrat de service* ne peut être conclu directement entre l'État et un tiers, sans que ce dernier ne soit associé à la société nationale. Et pourtant, à son article 48 la loi portant régime général des hydrocarbures se contredit en stipulant que l'État ou la société nationale peuvent chacun conclure directement un *contrat de service* avec une société de droit étranger ou de droit congolais, mais sans prévoir une procédure spécifique permettant à l'État d'agir ainsi.

Ainsi, le défaut d'une telle procédure de conclusion d'un *contrat de service* entre l'État et un tiers rend l'article en question inopérant quant à ce ; de sorte que, chaque fois que le gouvernement voudra recourir à un contrat de service pour attribuer des droits d'hydrocarbures, il ne devra le faire que suivant la procédure prévue aux articles 33 et suivants, tels qu'exposés ci-avant.

2.2 Notion exacte de contrat de services

Pour mieux comprendre le *contrat de services*, il faut en préciser le fondement et les hypothèses d'application **(2.2.1)**, ainsi que la définition **(2.2.2)**

2.2.1 Fondement et hypothèses d'application

En économie pétrolière, le recours au *contrat de services* se justifie généralement par la moindre taille d'un gisement d'hydrocarbures, impliquant un faible coût d'accessibilité[67], de sorte qu'un *opérateur* peut aisément le

[67]Jean-Pierre ANGELIER, L'´évolution des relations contractuelles dans le domaine pétrolier. Liaison énergie francophonie, 2008, pp.23-26.<halshs-00339299>

supporter sans grands risques, et l'amortir au moyen des procédés traditionnels de rémunération, c'est-à-dire une formule convenue de participation aux bénéfices réalisés.

En effet, il peut arriver qu'un *bloc d'exploration* soit de moindre taille et d'accessibilité peu coûteuse pour l'opérateur, ce dernier pouvant ainsi maitriser les coûts d'accès et ayant à sa portée les ressources nécessaires pour les supporter. Dans ce cas, l'État n'a pas besoin de recourir au *contrat de partage de production* qui est un mécanisme global et complexe de mobilisation des ressources importantes, avec un système de rémunération en nature tout aussi complexe : il peut aisément recourir à un *contrat de service* engageant simplement la société attributaire des *droits d'hydrocarbures* à explorer et à exploiter, à ses frais, le bloc moyennant une rémunération au moyen des bénéfices réalisés.

Dans les mêmes conditions, la société nationale peut se voir reconnaitre dans l'acte public translatif des droits d'exploration et d'exploitation sur des blocs précis le pouvoir de confier à un tiers l'exploration et l'exploitation de tout ou partie de ces blocs ; elle le ferait alors légalement par un *contrat de service*, engageant ce tiers exploitant à réaliser les travaux pétroliers par la fourniture des biens et services nécessaires.

2.2.2 Définition

En partant du fonctionnement d'un *contrat de services*, tel qu'induit par les dispositions légales et règlementaires, nous pouvons en proposer une définition complète et fonctionnelle, c'est-à-dire celle qui intègre tous les éléments constitutifs du ce contrat.

Ainsi nous pouvons définir un *contrat de service* comme un contrat conclu entre l'État et une entreprise ou groupe d'entreprises associés à la société nationale, ou entre cette dernière et une autre société, au terme duquel l'État ou la société nationale attribue à son ou ses cocontractants des droits d'hydrocarbures, en vue de lui fournir les biens et services nécessaires à leur exercice ; et ce, à leurs frais et risques et en contrepartie d'une rémunération adéquate en espèce.

Ce mode de rémunération est l'élément de la définition qui différencie essentiellement un *contrat de service* d'un *contrat de partage de production.* Cette rémunération peut se faire au moyen de bénéfices réalisés, suivant les modes traditionnels consacrés pour la formule voisine de régie intéressée[68], c'est-à-dire le paiement d'une somme forfaitaire fixée en fonction du chiffre d'affaire, et qui peut prendre la forme des primes de gestion ou des ristournes des profits réalisés par la vente.

2.3 Notion précise de contrat d'assistance technique

Pour mieux comprendre le contrat d'assistance technique, il faut aussi en préciser le fondement et les hypothèses d'application **(2.3.1)**, ainsi que la définition **(2.3.2)**

2.3.1 Fondement et hypothèses d'application

Le fondement et l'hypothèse d'application d'un contrat d'assistance technique se déduisent aisément de la signification de sa dénomination. Il signifie en effet que l'opérateur n'intervient que pour appuyer techniquement l'accès à un gisement d'hydrocarbures avec les moyens fournis par la société nationale ou l'État, de sorte qu'on ne puisse y

[68] La régie intéressée est un mode de gestion des services publics par lequel l'État ou une collectivité publique confie, par un contrat administratif, l'exploitation et la direction d'un service public à une personne de droit privé, régisseur, qui agit pour le compte de l'État et dont les prestations sont rémunérées soit par traitement fixe et, éventuellement, par une participation aux bénéfices. Et contrairement au contrat de service, les risques et les char-ges sont assumés par l'État.

recourir que dans cette hypothèse d'accès public aux hydrocarbures.

Ainsi, il peut arriver que l'État, à travers sa société nationale, dispose de moyens financiers nécessaires à l'exploration et à l'exploitation d'un bloc d'hydrocarbures, mais sans avoir la capacité technique adéquate. Dans ce cas, ne pouvant techniquement entreprendre lui-même les travaux, il peut recourir au *contrat d'assistance technique* engageant un opérateur privé à réaliser les travaux avec le financement public et à opérer le transfert de technologie, et ce, moyennant une rémunération en espèces convenue.

Donc en pratique, l'hypothèse pouvant justifier le recours au contrat d'assistance technique est celle où la société nationale dispose d'un droit d'accès à un bloc d'hydrocarbures et a besoin d'une assistance technique pour son exercice optimal.

2.3.2 Définition

À son article 2 point 10 cité ci-avant, la loi portant régime portant général des hydrocarbures ne définit pas spécifiquement un *contrat d'assistance technique*, mais l'évoque confusément comme une modalité ou une variante d'un *contrat de service*. Et pourtant, il s'agit bien d'un contrat dont l'application légale et règlementaire induit une définition propre.

Ainsi, l'hypothèse que le *contrat d'assistance technique* soit directement conclu directement entre l'État et une entreprise étant exclue par l'article 14 de la loi portant régime général des hydrocarbures, nous pouvons définir ce contrat comme *un contrat signé entre la société nationale, titulaire d'un droit d'exploration et/ou d'exploitation d'hydrocarbures, et un tiers prestataire, au terme duquel ce dernier s'engage à lui fournir des services techniques nécessaires à l'exercice de ces droits, moyennant une rémunération adéquate en espèce.*

Contrairement au *contrat de service*, le *contrat d'assistance* n'est pas attributif des droits d'hydrocarbures. Le prestataire intervient dans l'exercice des droits d'exploration et d'exploitation attribués à la société nationale par son acte constitutif.

§5 Le régime d'accès exceptionnel au gaz naturel associé et au gaz naturel non associé

1 Règles d'accès au gaz naturels associés

La loi portant régime général des hydrocarbures définit le gaz naturel associé **(1.1),** et fixe les règles particulières relatives à leur destination et à l'attribution du droit d'exploitation y relatif **(1.2).**

1.1 Définition du gaz naturel associé

À son article 2 point 19, la loi portant régime général des hydrocarbures définit le gaz naturel associé comme « un hydrocarbure gazeux, coexistant de quelque façon que ce soit avec le pétrole dans un réservoir et produit à l'occasion de l'exploitation du pétrole »

Ainsi légalement défini, il s'agit d'un gaz provenant du puit de pétrole et pouvant y exister librement ou en étant dissous dans le pétrole. Dans le premier cas, il s'agit du gaz qui s'échappe naturellement du pétrole et s'isole tout en restant dans le même gisement. Dans le deuxième cas, il s'agit du gaz naturel produit à différentes étapes de l'extraction du pétrole et est souvent brulé au moyen des torchères.

Dans tous les cas, le gaz naturel associé constitue une source d'énergie primaire exploitable pour satisfaire les besoins en énergie de l'exploitation du pétrole même ou pour la production commerciale de l'énergie.

1.2 Règles de destination et d’attribution du droit d’exploitation du gaz naturel associé

Concernant la destination et le droit d’exploitation du gaz naturel associé, la loi portant régime général des hydrocarbures distingue juridiquement le gaz naturel associé affecté **(1.2.1)** et le gaz naturel associé non affecté **(1.2.2)**

1.2.1 Les gaz naturels associés affectés

Les gaz naturels associés affectés sont les quantités de gaz associé que l’opérateur prévoit d’utiliser pour les activités de production du pétrole, soit en les réinjectant dans la roche réservoir ou en le convertissant en énergie. Ils sont la propriété de l’État mis à la disposition du titulaire d’un droit d’exploration et d’exploitation pétrolières pour les besoins de l’exercice de ce droit.

Ainsi, lorsqu’il effectue l’exploration du pétrole dans un bloc ouvert à cet effet, l’opérateur est tenu d’évaluer également les gaz naturels associés s’y trouvant séparément du pétrole, et de faire les prévisions de ceux dissous dans le pétrole et à produire au cours de l’exploitation ; de sorte que lorsqu’il produit son plan de développement et de production des hydrocarbures, en vue d’avoir l’autorisation d’exercer son droit d’exploitation, il doit y annexer un plan de développement, de production et d’utilisation des gaz associés[69]. En foi de quoi, le ministre en charge des hydrocarbures lui accorde l’autorisation de les utiliser pour les besoins de la production du pétrole.

En cas de découverte d’autres gaz naturels associés isolés qu’il juge nécessaire à l’optimisation des opérations de production pétrolière, l’opérateur en informe le même ministre avec copie au Secrétaire Général en vue d’obtenir l’autorisation de les affecter[70].

---

[69] Article 85 de la loi portant régime général des hydrocarbures.

[70] Articles 135 du Décret portant règlement pétrolier.

1.2.2 Les gaz naturels associés non affectés

Les gaz naturels associés non affectés sont ceux qui sont jugés non nécessaires aux opérations pétrolières, et comme tels, ils sont la propriété de l'État qui a le droit de les conserver, de les faire exploiter pour la consommation nationale et l'exportation, ou de les utiliser à toute autre fin d'intérêt national[71].

Ainsi, lorsque contrairement à ses prévisions initiales d'affectation des gaz naturels associés, le contractant en découvre ou en dégage des quantités non affectables, il en informe le ministre en charge des hydrocarbures et le met à la disposition de l'État au terme d'un avenant modifiant le contrat d'hydrocarbures initialement conclu[72]. Fort de cet avenant, le ministre initie une procédure d'appel à manifestation d'intérêt suivi d'un appel d'offres restreint, au terme de laquelle il attribue le droit d'exploitation du gaz non associé à une société de droit congolais ou étranger.

Dans ce cas, l'attribution du droit d'exploitation du gaz associé non affecté se fait par la conclusion d'un accord particulier qui engage la société attributaire à construire les infrastructures nécessaires et à donner la garantie d'un débouché commercial interne ou externe conformément à l'article 139 du décret portant règlement d'hydrocarbures. Au vu de cette garantie faite par une évaluation de la demande interne ou externe, ainsi que des prévisions des coûts et des bénéfices, le ministre et la société attributaire signe un avenant complétant l'accord particulier d'attribution du droit d'exploitation par les clauses fixant les modalités de partage des coûts et des bénéfices ainsi que les charges fiscales.

---

[71] Lecture combinée des articles 86 alinéas 1 et 2 de la loi portant régime général des hydrocarbures et 135 à 140 du Décret portant règlement d'hydrocarbures.

[72] Article 86 alinéa 3 de la loi portant régime général des hydrocarbures.

2 Règles d'accès au gaz naturel non associé

Ces règles sont celles relatives à la définition (2.1) et celles d'accès particulières (2.2)

2.1 Définition du gaz naturel non associé

Suivant l'article 2 point 20 de la loi portant régime général des hydrocarbures, le gaz naturel non associé est un « hydrocarbure gazeux formant un gisement spécifique isolé de celui du pétrole ».

Ainsi défini, ce gaz est dit "non-associé", car il n'est pas associé à un gisement de pétrole. Comme ce dernier, il est issu directement du kérogène et passe de la *roche-mère* vers la *roche-réservoir*, où il forme un gisement de gaz à part entière. Il peut être aussi issu du pétrole pour constituer un gisement à part dans la *roche-réservoir*.

Comme tel, le gaz naturel non associé est utilisé comme source d'énergie primaire, exploitable pour produire la chaleur, l'électricité ou la force motrice. Il est transporté sous forme pressurisée et liquéfiée (par gazoduc ou méthanier), jusque sur les différents sites de fournisseurs. Il peut être aussi utilisé pour produire le pétrole.

2.2 Règles d'accès particulières

L'accès au gaz naturel non associé se fait suivant la même procédure d'appel à manifestation d'intérêt que celle décrite ci-avant pour l'attribution des droits d'exploration et d'exploitation des hydrocarbures. Sauf les règles particulières prescrites aux articles 89 à 93 de la loi portant régime général des hydrocarbures.

En effet, après la signature du *contrat de partage de production* ou du *contrat de service* attributif des droits d'exploration et d'exploitation, l'association dite « contractant » effectue les travaux d'exploration. Dès qu'il met à jour un gisement de gaz naturel non associé, il en informe le ministre dans un délai de sept jours, il en effectue avec diligence la délimitation et l'évaluation commerciale ; et il adresse au ministre, dans le délai de 30 jours, un rapport sur la commercialité du gisement (article 89).

En cas d'approbation du dit rapport de commercialité par l'administration, le contractant élabore un plan de développement (construction de l'infrastructure) et de production (prévision des quantités produites). L'agrément de ce plan donne lieu aussitôt lieu à la conclusion avec le ministre d'un avenant au contrat initial d'exploration et d'exploitation, définissant les modalités et les conditions d'exercice du droit d'exploitation (article 90).

Le droit d'exploitation du gaz naturel non associé est accordé pour une durée qui ne peut dépasser 25 ans, renouvelable une seule fois pour 10 ans au maximum suivant les conditions et formalités fixées par le règlement d'hydrocarbures (article 91).

§6 Règles de gestion des impacts négatifs

Par rapport à l'accès aux hydrocarbures, la protection légale distingue les droits et biens des tiers légalement situés sur un gisement d'hydrocarbures (1), ceux des riverains d'un bloc (2), ceux exposés aux risques assurables des activités d'hydrocarbures et identifiés suivant les normes internationales (3), ainsi que ceux et les personnes situées à l'intérieur d'un bloc (4)

1 Sur les droits et biens des tiers légalement situés sur un gisement d'hydrocarbures

Par leur indication légale et les déductions qu'on peut en faire **(1.1)**, nous pouvons mieux identifier ces droits et biens avant d'exposer leurs règles de protection **(1.2)**

1.1 Indication et déduction légales

Suivant l'article 24 alinéa 2 de la loi portant régime général des hydrocarbures, un droit d'hydrocarbures peut être constitué sur un terrain déjà couvert par un droit foncier, forestier et minier. Doivent être déduites de cette indication générale toutes les formes légales que peuvent prendre ces droits.

Ainsi, le droit foncier inclut la concession perpétuelle, toutes les concessions ordinaires et les droits de jouissance coutumiers, ainsi que la concession agricole, tels que prévus respectivement par la loi dite foncière et la loi portant principes fondamentaux relatifs à l'agriculture. Par droit minier, il faut entendre toutes les formes de droit minier et de carrière prévue par le code minier. Il en va de même pour le droit forestier qui sous-entend la concession forestière et les droits d'usage forestiers prévus par le code forestier.

Bref, la loi portant régime général des hydrocarbures envisage ici tous les droits relatifs à d'autres utilisations du sol existants légalement sur un gisement d'hydrocarbures découvert. Il peut s'agir des droits légalement constitués au profit des individus (concession, permis ou autorisations), ou reconnus collectivement à des communautés locales (droits d'usage ou de jouissance coutumiers).

1.2 Règles de protection

Les règles de protection des droits des tiers légalement constitués ou reconnus sur un gisement d'hydrocarbures sont déduites du principe d'antériorité (1.2.1) et celui d'expropriation légale (1.2.2).

1.2.1 Le principe d'antériorité

Le recourt au principe d'antériorité est prévu à l'article 24 alinéa 3 de la loi portant régime général des hydrocarbures, en cas d'existence d'autres droits sur un gisement d'hydrocarbures proposé à l'exploration. L'arbitrage entre ces droits antérieurs et l'accès aux hydrocarbures est fait par le Conseil des ministres suivant l'alinéa 4 du même article.

Dans le cas d'espèce, le principe d'antériorité signifie que les droits légalement constitués sur un bassin sédimentaire priment sur l'accès aux hydrocarbures découverts ultérieurement. Mais cette primauté devra dépendre de l'importance socioéconomique de ces droits antérieurs par rapport aux bénéfices socioéconomiques attendus de l'exploitation des hydrocarbures.

Ainsi, lorsqu'après la découverte d'un gisement d'hydrocarbures, l'État se propose d'ériger le bassin sédimentaire en *bloc ouvert à l'exploration*, il devra évaluer tous les droits de toute nature qui y sont constitués. Si les bénéfices socioéconomiques que ces droits antérieurs procurent sont plus importants ou équivalents à ceux attendus de la rente pétrolière ou gazière, ils devront être naturellement être maintenus à l'exclusion de tout accès aux hydrocarbures gisants. Il en ira de même si leur annihilation devrait impliquer un coût social, environnemental ou économique de nature à compromettre la rentabilité du projet d'accès aux hydrocarbures.

Cet arbitrage entre l'accès aux hydrocarbures découverts et les droits d'accès à d'autres ressources naturelles antérieures est fait par le Conseil des ministres, qui devrait recourir à une expertise indépendante et qualifiée. Il est alors saisi par les ministres ayant dans leurs attributions l'utilisation des ressources naturelles en cause. Ceux-ci agissent ainsi individuellement ou conjointement.

1.2.2 Le principe d'expropriation légale

Le principe d'expropriation légale signifie la cession forcée, pour des motifs d'utilité publique, de tout ou partie des droits réels immobiliers ainsi que des biens meubles affectés à leur exercice. Cette cession est faite suivant une procédure légale relevant, soit de la loi n°77-001 du 22 février 1977 sur l'expropriation pour cause d'utilité publique, soit de mesures d'expropriation prévues pour les concessions minières et garantissant l'équité au profit des cessionnaires forcés. L'application de ce principe pose ici la question de savoir à quel moment de la procédure d'accès aux hydrocarbures la décision d'expropriation peut être prise.

En effet, si le Conseil des ministres arbitre en faveur de l'accès aux hydrocarbures, le ministre en charge des affaires foncières ou le Président de la République peut décider de l'expropriation de tous les droits individuels ou collectifs qui y sont constitués suivant la procédure instituée par la loi sur l'expropriation publique susmentionnée. Le premier intervient par voie d'arrêté pour une expropriation ordinaire ou par périmètre, et le second, par voie d'ordonnance pour une expropriation par zones[73]. Et après la juste indemnisation des expropriés ou l'épuisement, conformément à la procédure y relative, le ministre en charge des hydrocarbures signe l'arrêté subdivisant le bassin sédimentaire en blocs ouverts à l'exportation et initie la procédure d'attribution des droits d'exploration et d'exploitation.

L'État peut aussi transférer le coût de l'indemnisation de l'expropriation à la future association dite « contractant ». Dans ce cas, le ministre en charge des hydrocarbures prend l'arrêté subdivisant le bassin sédimentaire en blocs et attend l'aboutissement de la procédure d'expro-

[73] Article 6 de la loi sur l'expropriation pour cause d'utilité publique.

priation, soit la fixation à l'amiable ou judiciaire du montant de l'indemnisation, en vue d'en faire un élément de l'appel d'offres auquel doit souscrire le soumissionnaire. Et Après la signature du contrat d'hydrocarbures, l'association dite « contractant » est obligé de payer les expropriés avant d'entamer les travaux.

2 Sur les droits et biens des tiers riverains d'un bloc ouvert à l'exploration

Suivant les modes légaux de protection, il faut distinguer les droits et biens situés à proximité d'un bloc ouvert à l'exploration (2.1), et ceux situés dans un périmètre interdit à l'exploration (2.2)

2.1 Les droits et biens situés à proximité d'un bloc ouvert à l'exploration

Par leur indication légale et les déductions qu'on peut en faire (2.1.1), nous pouvons identifier ces droits et biens avant d'analyser leur règle de protection (2.1.2)

2.1.1 Indication et déductions légales

Nous entendons par droits et biens situés à proximité d'un *bloc ouvert l'exploration* ceux visés aux articles 71 de la loi portant régime général des hydrocarbures ainsi que 127 à 129 du décret portant règlement d'hydrocarbures.

Leur réparation, suivant l'article 71 en question alinéa 2, devant se faire par paiement de la valeur réelle de remplacement ou par remise état, il doit s'agir des droits réels immobiliers, ainsi que tous les biens meubles affectés à leur usage, susceptibles d'être endommagés du fait de l'occupation du terrain par l'association dite « contractant ».

Sont notamment visés : toutes les formes légales possibles de droits de jouissance fonciers, agricoles, forestiers et miniers ou d'accès à l'eau, qu'ils soient individuels ou collectifs, légalement constitués à proximité d'un bloc d'exploration, ainsi que tous les biens meubles ou immeubles des riverains affectés à leur usage ou jouissance.

2.1.2 Les règles de protection

La compréhension de règles de protection des droits et biens des tiers en question appelle des précisions sur les points suivants :

a) le « fait de l'occupation de terrain » comme cause du dommage

Suivant l'article 71 alinéa 1 de la loi portant régime général des hydrocarbures, les dommages réparables sont ceux résultant du « fait d'occupation » par le contractant du bloc d'exploration.

Il faut entendre par « fait de l'occupation du terrain » tous les travaux d'aménagement du site pour l'exploration, l'exploitation et les travaux d'abandon, c'est-à-dire le déploiement du matériel et la construction des infrastructures nécessaires aux activités.

b) la nature du dommage et le mode de réparation

Le dommage causé peut être corporel, c'est-à-dire détruisant la chose sur laquelle porte le droit réel immobilier protégé ou le bien corporel affecté à son usage, altérant leur intégrité physique ou diminuant sa consistance. Il peut également s'agir d'un préjudice résultant des entraves à l'utilisation légale d'une autre ressource naturelle.

Suivant l'article 71 alinéa 2 de la loi portant régime général des hydrocarbures, le dommage causé peut être réparé par le paiement de la valeur réelle de remplacement du bien endommagé, augmenté de la moitié ou par sa remise en état.

c) la procédure de réparation

Durant l'exécution du contrat, l'association dite « contractant » est tenu d'informer mensuellement le ministre en charge des hydrocarbures de tous les dommages survenus du fait de l'occupation du terrain. Sauf cas d'urgence nécessitant une réparation immédiate, où il doit porter l'information dès la survenance du dommage. Cette lettre d'information indique les causes du dommage survenu et les mesures envisagées pour sa réparation[74].

Dans les 30 jours de sa réception, le ministre diligente une mission d'évaluation du préjudice, puis après, il notifie au contractant le montant de la caution à déposer dans le même délai, ainsi que la date du début des travaux de réparation ou de remplacement des choses endommagées. Le terme « réparation » peut signifier la réhabilitation ou la restauration d'un site ou d'un équipement d'accès à une autre ressource naturelle.

Il ressort de l'interprétation de l'article 129 du décret portant règlement d'hydrocarbures que l'association dite « contractant » doit donner son accord sur le coût des indemnités à payer justifiant le montant de la caution lui réclamée, de sorte qu'en cas de contestation, les indemnités doivent être fixées à l'amiable. À défaut, elles doivent l'être par voie judiciaire.

2.2 Les droits et biens des tiers situés dans un périmètre interdits aux travaux d'exploration et d'exploitation

Par leur indication légale et les déductions qu'on peut en faire (2.2.1), nous pouvons identifier ces droits et biens avant d'analyser leur règle de protection (2.2.2).

[74] Article 127 du Décret portant règlement d'hydrocarbures

2.2.1 Indication et déductions légales

Les droits et biens situés dans un périmètre interdit à l'exploration et à l'exploitation sont ceux visés à l'article 158 de la loi portant régime général des hydrocarbures. Cette disposition légale protège les périmètres des villes, villages et agglomérations, des puits et conduites d'eau, des édifices publics et ouvrages d'utilité publique ainsi que des lieux sacrés, des voies de communication et des ouvrages d'art.

Cette disposition légale entend protéger les droits et biens compris dans une zone d'habitation. Pour ce qui concerne les droits et biens des particuliers, nous pouvons déduire de cette disposition légale ceux qui sont normalement compris dans une zone d'habitation : les concessions foncières, les droits d'occupation ou de location foncière et les propriétés immobilières.

2.2.2 Règles de protection

Suivant l'article 158 alinéa 2 de la loi portant régime général des hydrocarbures, les travaux d'exploration et d'exploitation peuvent être exceptionnellement autorisés dans le périmètre interdit, spécifié à son alinéa 1ier. Dans ce cas, cette autorisation est subordonnée à un accord d'indemnisation préalable avec les propriétaires ou titulaires des biens et droits susceptibles d'être affectés.

La loi ou le règlement d'hydrocarbures ne décrivent pas la procédure à suivre dans ce cas d'accès aux hydrocarbures.Toutefois, s'il faut insérer commodément la conclusion de cet accord d'indemnisation préalable, dans la procédure d'attribution d'un droit d'exploration et d'exploitation, telle que décrite ci-avant, il devrait être conclu entre le ministre en charge des hydrocarbures et les propriétaires ou titulaires des biens ou droits susceptibles d'être affectés ; et ce avant la subdivision du bassin sédimentaire compris dans le périmètre interdit en blocs ouverts à l'exploration ; de sorte qu'une fois l'accord conclu, le dit ministre y recueille les avis techniques du Gouverneur de province et des autorités locales concernés et le soumet à la validation du Gouvernement, en même temps que le projet d'arrêté érigeant le bloc.

Ainsi saisi, le Conseil des ministres valide l'accord et autorise la subdivision du bassin sédimentaire compris dans le périmètre interdit en blocs ouverts à l'exploration. Le paiement de l'indemnisation fixée dans l'accord peut être un des critères de l'appel d'offres auquel doit souscrire le soumissionnaire.

3 Sur les droits et biens des tiers exposés aux risques assurables des activités d'hydrocarbures

Il faut ici identifier les droits et biens assurables par leur indication légale et les déductions qu'on peut en faire (3.1), exposer leurs règles de protection (3.2) et formuler la problématique de l'applicabilité du code des assurances par rapport aux règles particulières d'indemnisation de la loi sur les hydrocarbures (3.3)

3.1 Indication et déductions légales

Suivant l'article 70 de la loi portant régime général des hydrocarbures, « le contractant est tenu de souscrire une police d'assurance en vue de couvrir les risques liés aux activités d'hydrocarbures, conformément à la législation en vigueur en République démocratique du Congo et aux normes de l'Industrie pétrolière internationale »

Cette disposition légale vise la protection des biens et personnes exposés aux risques qui sont :

a) assurables suivant la loi du 17 mars 2015 portant code des assurances

Ainsi, conformément au code des assurances, il s'agit de tous les biens visés par toutes les polices assurances que doit légalement souscrire le contractant, en vue de garantir les risques liés aux activités d'hydrocarbures. Il s'agit :

- des assurances dommages, telles que définies aux articles 37 à 107 du code des assurances et applicables aux activités d'hydrocarbures, soit : l'assurance des pertes et dommages causés par les personnes ou les choses, dont le *Contractant* est civilement responsable (article 38) ; l'assurance incendie garantissant les dommages causés par l'embrasement ou la combustion de ces installations (article 47) ; l'assurance responsabilité civile garantissant l'association dite « contractant » contre les actions en responsabilité civile ou les réclamations des tiers lésé, en l'espèce par les activités d'hydrocarbures (article 54) ; ainsi que les assurances transport maritime dans la mesure où elles garantissent les dommages causés par le Navire (article 88 alinéa 2) ;
- de l'assurance responsabilité civile des propriétaires des véhicules terrestres à moteur qui, en l'espèce, couvre la responsabilité du contractant résultant des dommages causés par les véhicules utilisés pour les activités d'hydrocarbures.

Les polices d'assurances souscrites par l'association dite « Contractant » garantissent, dans les limites du code des assurances, l'indemnisation des dommages et des pertes diverses subies les tiers du fait des activités d'hydrocarbures.

b) Identifiés suivant les normes internationales

Les normes internationales en la matière sont celles élaborées par les organisations internationales de normalisation, telles l'*International Standards Organisation (*ISO). Ces normes définissent les lignes directrices relatives aux outils et techniques pour l'identification et l'évaluation des risques de l'industrie pétrolière et du gaz naturel, et ce, en posant les critères techniques et méthodologiques d'identification et d'évaluation des risques divers liés aux activités d'hydrocarbures, telles que légalement définies et aux équipements employés.

Suivant la Norme *ISO 17776* visant principalement l'industrie pétrolière et gazière *offshore*, mais applicable aussi aux entreprises *on shore*, les risques en question sont catégorisés en *risque environnemental*, *risque sanitaire* et *risque de propriété*. Le premier risque signifie la possibilité de préjudice écologique affectant, dans l'environnement immédiat de l'entreprise, les ressources environnementales (eau, aire, biodiversité, forêt ...) et les bénéfices qu'elles procurent aux personnes ; le second signifie la possibilité d'un préjudice affectant la santé ou la vie des personnes ; et le troisième signifie la possibilité d'un préjudice affectant les droits et biens des personnes.

Ainsi, l'identification et l'évaluation des risques assurables suivant le code des assurances doit, pour ce qui concerne toute entreprise d'hydrocarbures, se faire conformément à la Norme en question.

3.2 Règles de protection

Suivant les articles 125 et 126 du Décret portant règlement d'hydrocarbures, l'association dite « contractant » doit, dès l'approbation du contrat d'exploration et d'exploitation ou de service, souscrire toutes les polices d'assurance possibles et en présenter les copies au ministre en charge des hydrocarbures.

De cette manière, les règlements des indemnités, en cas des dommages causés aux personnes et à leurs biens, se fait conformément aux règles du code des assurances relatives à chaque type d'assurance.

3.3 Problématique de l'applicabilité du code des assurances par rapport aux règles particulières d'indemnisation de la loi sur les hydrocarbures

3.3.1 Position de la question

En obligeant, à son article 70, l'association dite « contractant » à souscrire des polices d'assurance pour les risques générés par les activités d'hydrocarbures et identifiés suivant les normes internationales, la loi portant régime général des hydrocarbures rend, d'une part, obligatoire toutes les assurances applicables à ces risques suivant le code des assurances ; et, d'autre part, elle prévoit à ses articles 71 alinéa 2 et 158 alinéa 2 des règles d'indemnisation particulières et différentes dudit code en cas de réalisation d'une catégorie de ces risques.

En effet, dans son application intégrale, la Norme 17776 inclut, dans les risques liés aux activités d'hydrocarbures, les dommages et les pertes des biens et droits des personnes situées ou établies à proximité d'un bloc ou dans un périmètre interdit, tels que visés aux articles 71 alinéa 2 et 158 alinéa 1 de la loi portant régime général des hydrocarbures ; de sorte que suivant l'article 70 de cette loi, les polices d'assurance-dommages et responsabilité civile que doit souscrire le contractant sont, en principe, applicables à cette catégorie de dommages et pertes.

Mais tels qu'exposés ci-avant, suivant d'une part, les articles 71 alinéa 2de la loi portant régime général des hydrocarbures et 127 à 129 du décret portant règlement des hydrocarbures, et d'autre part, l'article 158 alinéa 2 de la même loi, le règlement et la garantie de l'indemnisation de cette catégorie de dommages et pertes font l'objet respectivement d'un arrangement à l'amiable avec dépôt d'une caution et d'un accord d'indemnisation préalable.

Dans cette confusion légale et règlementaire, la question qui se pose est celle de savoir si, en vertu de l'article 70 de la loi portant régime général des hydrocarbures, le législateur a voulu à la fois obliger l'association dite « Contractant » à souscrire une police d'assurance garantissant sa responsabilité engagée en vertu des articles 71 de la loi et 127 à 129 du décret en question, tout en exigeant le dépôt d'une caution en cas de dommages ; ou si cette obligation d'assurance s'étend à la responsabilité de l'association dite « Contractant », en cas d'inexécution de l'accord d'indemnisation préalable, visé à l'article 158 alinéas 2 en question.

3.3.2 Hypothèse de réponse

L'hypothèse de réponse à la question posée par cette contradiction légale peut être envisagée différemment suivant qu'il s'agit :

a) de la responsabilité du « Contractant » engagée en vertu des articles 71 de la loi portant régime général des hydrocarbures, et 127 à 129 du décret portant règlement d'hydrocarbures

Découlant du *fait de l'occupation des terrains* qui (dans la terminologie juridique) est synonyme des activités d'hydrocarbures[75], cette responsabilité est un risque lié à ces dernières ; et comme tel, elle doit, en principe, être garantie par une assurance conformément à l'article 70 de la loi portant régime général des hydrocarbures.

Cependant en exigeant à son article 71 alinéa 3 le dépôt d'une caution garantissant la réparation des dommages résultant du *fait de l'occupation des terrains*, la loi portant régime général des hydrocarbures semble traduire l'intention du législateur d'instituer pour ces dommages une

[75] En droit, l'occupation d'un domaine public de l'État est une expression générique désignant les utilisations diverses de ce domaine sous des formes juridiques diverses telles les concessions, les permis ou les autorisations (Gérard CORNU, Vocabulaire juridique, PUF, Paris, 2009, p. 631.)

autre garantie, différente des assurances obligatoires prévues à son article 70.

Que telle soit ou pas l'intention du législateur, elle devrait être clarifiée. Sinon il reste que, légalement, l'article 70 en question ne comporte pas une restriction des assurances qu'il rend obligatoire, et une telle responsabilité est assurable du point de vue du code des assurances ; de sorte que l'association dite « Contractant » peut souscrire une police d'assurance couvrant la mise en œuvre de sa responsabilité en vertu de dispositions légales et règlementaires en question et l'opposer au ministre des hydrocarbures.

b) de l'inexécution d'un accord d'indemnisation préalable

De prime abords, il faut noter que, tel que prévu à l'article 158 alinéa 2 de la loi portant régime général des hydrocarbures, cet accord porte sur les dommages certains, devant résulter des activités d'hydrocarbures et il engage l'association dite « Contractant » à les réparer. Il ne s'agit donc pas des risques de dommage assurables, c'est-à-dire d'un dommage redouté, dont la survenance est incertaine ; et la certitude de leur réalisation les exclus des assurances obligatoires prévues à l'article 70 de la loi portant régime général des hydrocarbures.

Quant à l'inexécution de l'accord d'indemnisation par le Contractant, il s'agit d'un risque de mise en œuvre de sa responsabilité contractuelle, qui n'est pas directement lié aux activités d'hydrocarbures, mais à une obligation contractée antérieurement ; de sorte que si les conséquences financières de cette responsabilité peuvent être assurables du point du droit des assurances, elles ne peuvent l'être obligatoirement en vertu de l'article 70 en question.

4 Sur les biens et personnes situés à l'intérieure d'un bloc

L'indentification de ces biens et personnes peut être faite à partir leur indication légale et ses déductions **(4.1)**, avant d'en exposer les règles de protection **(4.2)**

4.1 Indication et déductions légales

Suivant l'article 125 du Décret portant règlement d'hydrocarbures, « le contractant est tenu de souscrire, dès l'entrée en vigueur de l'arrêté portant octroi de droit d'exploration (sic), une police d'assurance couvrant les personnes et les biens se trouvant dans les installations ». L'arrêté en question étant une erreur commise, il faut entendre légalement par son entrée en vigueur, l'approbation du *contrat de partage de production* ou du *contrat de service*.

Cette disposition règlementaire vise la protection, d'une part, des biens mobiliers et immobiliers, c'est-à-dire les équipements installés et les ouvrages construits par l'association « contractant », pour le compte de l'État aux fins des activités d'hydrocarbures ; et d'autre part, la santé et la vie des personnes se trouvant par le fait du « contractant » dans ses installations.

4.2 Règles de protection

Il ressort de l'article 125 en question que l'association dite « contractant » doit souscrire, dès l'entrée en vigueur du *contrat de partage de production* ou du *contrat de service*, toutes les polices d'assurance légalement possibles pour garantir les dommages et les pertes des biens mobiliers et immobiliers, utilisés pour l'exploration et l'exploitation, la production stockée ainsi que la vie et la santé des personnes visées.

Cette disposition rend obligatoires les assurances suivantes, prévues facultativement par le code des assurances :

- *l'assurance-dommages* garantissant les pertes et les dommages causés aux biens et ouvrages visés par un fait quelconque (article 37) ;
- l'*assurance-tempête*, ouragan, foudre et cyclone garantissant les pertes et dommages causés aux biens et ouvrages visés par l'action du vent (article 53) ;
- l'*assurance-transport maritime, fluvial ou lacustre* garantissant les dommages causés au navire employé, en cas d'exploration ou d'exploitation offshore (articles 58 et 59) ;
- l'*assurance sur corps*, garantissant les dommages ou les pertes causés à un navire par un accident de navigation ou la responsabilité du contractant en cas de dommage causé à un autre navire sur mer ou à un objet flottant (article 88) ;
- l'*assurance-responsabilité civile* pour préjudice corporel subi par les personnes visées, suite à un fait quelconque survenu dans les installations.

À ces assurances rendues obligatoires, s'ajoutent toutes celles qui sont obligatoires du fait du code des assurances même :

- l'*assurance de la responsabilité civile des propriétaires de véhicules terrestres à moteur* garantissant les dommages causés aux véhicules utilisés par le Contractant et aux personnes visées (article 112) ;
- l'*assurance de risque de construction* garantissant les dommages et les pertes résultant du vice de construction des bâtiments réalisés par un de membres de l'Association constituant le *Contractant* (article 193) ;
- l'*assurance incendie* obligatoire garantissant les dommages et les pertes subis du fait de l'incendie des bâtiments affectés à l'exploration et à l'exploitation ainsi que la responsabilité du Contractant pour les dommages subis par les tiers (article 283) ;

La réparation des dommages causés du fait de la réalisation d'un risque couvert par une de ces assurances se fait suivant les règles prévues par le code des assurances pour chacune d'elles.

Section 2
REGIME D'ACCES EN AVAL

Les règles d'accès en aval pétrolier intègrent celles relatives au transport et au stockage des produits pétroliers (§1), au raffinage (§2), au circuit d'importation des produits pétroliers (§3), au transport, stockage et distribution du gaz de pétrole liquéfié ou du gaz butane (§4), à l'entreposage des produits pétroliers en transit (§5), ainsi qu'à l'industrie pétrochimique (§6)

§1 Règles de transport et de stockage des produits pétroliers

Il faut préalablement décrire la structure du circuit de transport des produits pétroliers (1), avant d'exposer les conditions et les procédures d'accès aux activités de transport et de stockage des produits pétroliers (2), ainsi que les règles relative à la maitrise nationale de la production pétrolière (3)

1 La structure du circuit de transport-stockage des produits pétroliers

La structure du circuit de transport-stockage des produits pétroliers se décrit à travers ses phases **(1.1)** et les voies de transport **(1.2)**

1.1 Les phases du circuit

La mise en circulation des produits pétroliers, depuis le lieu de leur extraction jusqu'au lieu de leur consommation, se fait à travers les phases suivantes :

a) le transport du pétrole brut du gisement au réservoir de stockage

Cette phase est celle où, une fois sortie du puit, le pétrole brut est acheminé du gisement vers un réservoir de stockage qui peut être à proximité du puit, de la raffinerie ou dans les terminaux de déchargement ou de chargement. Ce transport s'effectue par voie de canalisation de collecte reliant les points de forage au dit réservoir, par voie maritime ou par voie terrestre avec les moyens de transport appropriés.

b) le transport du pétrole brut du réservoir de stockage à l'usine de raffinage

À cette phase, le pétrole brut est sorti du réservoir de stockage vers l'usine de raffinage, en vue d'être traité et transformé en produits raffinés à valeur haute valeur commerciale. Il s'agir généralement du carburant ou de la matière première pour l'industrie pétrochimique.

c) le transport du pétrole raffiné de l'usine de raffinage au réservoir de stockage

Cette phase est celle où le pétrole raffiné est transporté de la raffinerie, jusqu'au lieu de stockage du carburant.

d) le transport du pétrole raffiné du réservoir au terminal de commercialisation

Du réservoir de carburant, le pétrole raffiné est transporté à un terminal de commercialisation, c'est-à-dire un point de distribution où vienne s'alimenter les vendeurs du carburant.

e) le transport du terminal de commercialisation à une station-service

Après leur approvisionnement à un terminal de commercialisation, les distributeurs achemine le carburant vers leurs points de distribution, généralement les stations-service où viennent s'approvisionner les consommateurs.

1.2 Les voies de transport des produits pétroliers

À travers le circuit de transport-stockage ainsi décrit, les produits pétroliers brut ou raffinés peuvent être transportés par l'une de voie ci-après :

a) la voie terrestre par canalisation ou véhicule

Le pétrole brut ou raffiné peut être transporté d'un lieu à un autre par canalisation, c'est-à-dire à travers les oléoducs ou pipelines ayant l'avantage d'économiser le coût du transport à une longue distance.

Par la voie terrestre, le pétrole brut ou raffiné peut être transporté dans des camions (voie routière) ou dans des trains (voie ferrée). Les opérateurs recourent à ces voies pour le transport sur des courtes distances.

b) la voie maritime ou fluviale

Le transport du pétrole brut ou raffiné par voie maritime se fait au moyen des navires dits « Tankers » ou « pétroliers ». Il s'agit des navires-citernes qui transportent le pétrole sur mer ou océan, d'un lieu de production vers le lieu de raffinage ou de consommation.

Par voie fluviale, le pétrole brut ou raffiné peut être transporté d'un lieu à un autre au moyen des barges.

2 Conditions et procédures d'exercice des activités de transport et de stockage des produits pétroliers

Par exigence de clarté, nous distinguons ici le transport-stockage par voie de canalisation **(2.1)**, ainsi que le transport par véhicule et le stockage **(2.2)**

2.1 Transport-stockage par voie de canalisation

Concernant cette activité de l'aval pétrolier, il y a lieu de distinguer les procédures et conditions de construction (2.1.1), celles d'exploitation des canalisations par un transporteur professionnel offrant ses services aux producteurs (2.1.2), et celles d'exploitation des canalisations pour le transport-stockage des produits (2.1.3)

2.1.1 Procédures et conditions de construction

Pour l'acheminement du pétrole extrait, l'association dite « contractant », à travers un de ses membres opérateurs, seul ou en partenariat avec la société nationale ou cette dernière seule[76], ou encore une entreprise tierce, peuvent construire le dispositif de canalisation intégré comprenant les gazoducs ou les oléoducs, ainsi que les réservoirs de stockage.

Pour ce faire, ils accomplissent les conditions et procédures suivantes :

a) demande d'autorisation de construction et présentation d'une étude de faisabilité

La demande d'autorisation de construction est adressée au ministre en charge des hydrocarbures, avec les éléments d'identification de l'entreprise indiqués à l'article 171 du décret portant règlement d'hydrocarbures.

Si la demande est jugée recevable, le requérant effectue une EIES et élabore un PGES conformément à la législation sur la protection de l'environnement ; puis il présente au ministre une étude de faisabilité du projet de construction comprenant ces deux outils de gestion environnementale, et les renseignements nécessaires indiqués à l'article 172 du décret portant règlement d'hydrocarbures.

[76] Article 174 du décret portant règlement d'hydrocarbures

b) octroi de l'autorisation de construction

Après réception du dossier de demande et de l'étude de faisabilité, le ministre consulte le Secrétaire général du ministère et octroie au requérant une autorisation de construction, moyennant le paiement d'une taxe.

Si l'État entend participer aux travaux de construction, le bénéficiaire signe avec la société nationale un accord de partenariat.

2.1.2 Procédures et conditions d'exploitation des canalisations par un transporteur professionnel offrant ses services aux producteurs

Un transporteur professionnel est une personne qui, sans être lui-même producteur du pétrole, construit ou acquiert une installation de transport-stockage par voie de canalisation en vue d'offrir les services de transport-stockage aux producteurs pétroliers.

Lorsqu'il a construit ou acquis une installation de canalisation, le transporteur professionnel qui se propose d'en offrir les services aux producteurs pétroliers procède de la manière suivante :

- il demande et obtient de droit une autorisation d'exploitation délivrée par le ministre des hydrocarbures[77]. Cette autorisation a une validité de 30 ans renouvelable ;
- puis il signe un contrat d'exploitation avec le ministre qui est principalement chargé de veiller à l'accès équitable et sécurisé des installations par les tiers utilisateurs, propriétaires ou producteurs des produits pétroliers [78] ;

[77] Voir articles 176 et 179 du décret portant règlement d'hydrocarbures.

[78] Articles 176 alinéa 2 et 177 du décret portant règlement d'hydrocarbures

- et enfin il signe avec les tiers utilisateurs, propriétaires ou producteurs du pétrole, un contrat d'utilisation dit contrat de passage dont il transmet une copie au ministre en charge des hydrocarbures ;

2.1.3 Procédures et conditions d'exploitation de canalisation pour le transport-stockage des produits pétroliers.

Après la construction des installations de transport-stockage par voie de canalisation, elles peuvent être utilisées par les personnes ci-après :

- le transporteur professionnel détenteur d'une autorisation d'exploitation qui, au moyen des contrats requis, effectue le transport-stockage pour le compte des tiers ;
- le producteur pétrolier l'ayant construit pour son propre usage et qui effectue le transport-stockage de ses propres produits pétroliers ;
- toute personne louant les installations de canalisation auprès du propriétaire en vue d'effectuer le transport-stockage des produits pétroliers pour son propre compte ou le compte d'autrui ;

À cet effet, toutes ces personnes doivent procéder de la manière suivante, telle que décrite aux articles 159 à 165 du Décret portant règlement d'hydrocarbures :

a) la demande de l'autorisation ou du permis de transport-stockage

L'autorisation de transport-stockage est requise pour le transport-stockage d'un volume de plus 10 m3 du pétrole, suivant la catégorisation ci-après : 100,001 m3 et plus, pour la catégorie A ; 50,001 m3 à 100 m3 pour la catégorie B ; 10,001 m3 à 50 m3 pour la catégorie C.

La demande de l'*autorisation de transport stockage* est adressée au ministre en charge des hydrocarbures par une lettre, avec copie pour information au secrétaire général du ministère, à laquelle il est joint un dossier d'identification du requérant.

Le *permis de transport-stockage* est requis pour un volume du pétrole supérieur ou égal à 10 m3, suivant la catégorisation ci-après : 5,001 m3 à 10 m3 pour la catégorie A ; 1 m3 à 5 m3 pour la catégorie B, à l'exclusion des lubrifiants pour les quantités inférieures à 5 m3.

La demande de permis de transport-stockage est adressée au secrétaire général du ministère des hydrocarbures par une lettre avec copie pour information au Chef de Division provinciale.

b) l'instruction de la demande

Elle est effectuée par le secrétaire général du ministère en charge des hydrocarbures et porte sur la vérification du dossier et le contrôle technique des installations. Ce dernier fait l'objet d'un rapport que le secrétaire général ajoute au dossier de demande.

En cas de contrôle ou de vérification non concluants, le secrétaire général notifie au requérant l'irrecevabilité de son dossier. Ce dernier dispose d'un délai de 15 jours ouvrables pour faire un recours en apportant les renseignements ou les précisions nécessaires. Passé ce délai, la demande est rejetée.

c) l'octroi de l'autorisation ou du permis de transport-stockage

Moyennant paiement d'une taxe et des frais d'expertise, l'*autorisation de transport-stockage* est octroyée par le ministre en charge des hydrocarbures et le permis par le secrétaire général du ministère. Ce dernier pouvant déléguer ce pouvoir au Chef de Division provincial.

Les deux actes sont octroyés pour une durée de 12 mois renouvelable et ne sont ni cessibles, ni transmissibles. La demande de leur renouvellement doit être introduite 45 jours avant leur expiration. Il y est joint toutes les données statistiques des produits transportés.

2.2 Le transport par véhicule, l'entreposage et le stockage

2.2.1 Le transport par véhicule

À part le *transport-stockage* par voie de canalisation, les hydrocarbures ou les produits dérivés peuvent être transportés à l'intérieur du territoire national par voie terrestre (camion-citerne), voie ferroviaire (wagon-citerne) et par voie fluviale et lacustre (barges) en vue d'être entreposés et stockés à un lieu donné.

Pour ce faire, le producteur d'hydrocarbures ou des produits dérivés utilisant ses propres moyens des transports ou louant ceux d'autrui, ainsi que le transporteur professionnel effectuant le transport pour le compte d'une autre personne doivent, dans les mêmes conditions et procédures que ci-dessus, obtenir une autorisation ou un permis de *transport-stockage*.

2.2.2 L'entreposage et le stockage

Le transporteur par véhicule des hydrocarbures ou des produits dérivés peut aller les entreposer ou les stocker dans ses propres installations ou louer les installations d'une autre personne.

Pour construire et utiliser ces installations d'entreposage et de stockage, le propriétaire doit procéder de la manière suivante, décrite aux articles 167 à 170 du décret portant règlement des hydrocarbures :

- il requiert le secrétaire général du ministère en charge des hydrocarbures pour son enregistrement. Il remplit à cet effet un formulaire d'enregistrement ;

- puis il s'adresse à un constructeur agréé par l'administration en charge des hydrocarbures pour la construction des ouvrages et l'installation du matériel ;
- et il remplit à nouveau un formulaire d'enregistrement de l'ouvrage achevé. L'enregistrement par le secrétaire général vaut autorisation d'exploitation ;

En cas de transfert de propriété des installations d'entreposage ou de stockage, le nouveau propriétaire doit informer le ministre en charge des hydrocarbures dans les 30 jours suivant l'acquisition ; et le secrétaire général prend acte du changement intervenu.

3 Règles de maîtrise du stock national des produits pétroliers

Une précision préalable de la notion de stock national des produits pétroliers (3.1) va faciliter la compréhension des règles relatives à la constitution et à la gestion de ses composantes stratégique et de sécurité (3.2)

3.1 Notion de stock national des produits pétroliers

Préciser la notion de stock national des produits pétroliers revient à en donner la définition et la classification légales (3.1.1), ainsi que la finalité légale (3.1.2)

3.1.1 Définition et classification légales

Nous entendons ici par stock national le pétrole brut ou raffiné produit localement ou importé, et offert à la consommation nationale suivant une stratégie d'approvisionnement visant une stabilisation et une adaptation de l'offre par rapport à l'évolution de la demande, ainsi que la prévention des risques de pénurie.

Ainsi défini, le stock national des produits pétroliers comprend principalement le pétrole brut destiné à l'approvisionnement des entreprises de raffinage nationales, ainsi que le pétrole raffiné, c'est-à-dire les carburants destinés aux consommateurs locaux divers et les huiles de base destinées à l'industrie pétrochimique locale.

Suivant la loi portant régime général des hydrocarbures, le stock national des produits pétroliers est classifié de la manière suivante :

1 *le stock opérationnel* : il signifie le « volume de produits pétroliers de toutes les catégories, offerts à la consommation par les sociétés exerçant les activités d'importation et de commercialisation (et) qui a pour rôle d'assurer l'approvisionnement des consommateurs sans interruption » (article 2 point 39) ;

2 *le stock stratégique* : il signifie le « volume de produits pétroliers de toutes les catégories, constitués par l'État afin d'assurer la sécurité du territoire et de sauvegarder les besoins immédiats dans les circonstances exceptionnelles » (article 2 point 40) ;

3 *le stock de sécurité* : il signifie le « volume de produits pétroliers de toutes les catégories constituées, réparties sur l'ensemble du territoire national par les sociétés exerçant les activités de commercialisation et d'importation et leur appartenant, afin d'assurer le maintien des activités économiques du pays en toute circonstance » (Article 38) ;

3.1.2 Finalité légale du concept

Suivant les définitions légales données à ses trois composantes, le stock national de produits pétroliers sert à mesurer et à satisfaire la demande actuelle (*stock opérationnel*), à assurer l'approvisionnement continu du marché (stock de sécurité), et à assurer la satisfaction des besoins publics urgents en cas de pénurie ou en cas de demandes exceptionnelles des pouvoirs publics (*stock stratégique*).

Ainsi :

- le *stock opérationnel* assure, à l'échelle d'une entreprise l'approvisionnement régulier du marché local en produits pétroliers importés et permet de suivre l'évolution de la demande ;

- le *stock de sécurité* permet à un fournisseur de faire face aux aléas de son approvisionnement en produits pétroliers importés, tels l'allongement des délais de leur importation, la diminution de leur offre sur le marché international, l'augmentation de leurs prix ou celle de leur demande locale. Dans ces cas, le recourt au stock de sécurité lui permet de continuer à faire face à la demande locale tout en stabilisant le niveau de consommation ;
- le *stock stratégique* permet, non de réguler l'approvisionnement comme le stock de sécurité, mais de faire face à des besoins collectifs urgents en cas de pénurie due, par exemple, à une catastrophe naturelle ou à des troubles sociaux détruisant les capacités de distribution ; ou de pourvoir à une demande exceptionnelle de l'État. Dans le premier cas, l'État intervient en mettant directement en vente les produits pétroliers manquants ou en les prêtant aux entreprises distributrices ; et dans le deuxième cas, il se sert dans son stock stratégique ;

3.2 Constitution et gestion du stock stratégique et du stock de sécurité

3.2.1 Le stock stratégique

Le stock stratégique est constitué au nom et pour le compte de l'État par la société nationale suivant les modalités définies par le ministre en charge des hydrocarbures[79] ; et pour chaque catégorie de produits qui le compo-

[79] Articles 2 point 40 et 116 de la loi portant régime général des hydrocar-bures et article 229 du décret portant règlement d'hydrocarbures

se, il est quantitativement déterminé par rapport à sa consommation journalière.

En effet, la société nationale peut constituer le stock stratégique soit avec une partie de sa propre production pétrolière brut ou raffinée, soit avec des parts de celle réalisée en association avec d'autres entreprises privées, soit avec les parts de production mises à sa disposition par les entreprises privées sous forme de redevance en nature, soit avec des produits pétroliers acquis sur le marché au moyen des redevances en espèces dues par les entreprises pétrolières.

Pour ce qui concerne les infrastructures de stockage, l'État peut, à travers la société nationale, construire ses propres dépôts ou réservoirs, ou louer ceux des stockistes privés et ceux des entreprises de production ou de distribution.

Pour chaque catégorie de produits pétroliers visée (pétrole brut, carburants et huile de base pour l'industrie pétrochimique), la quantité consignée dans le stock stratégique doit être maintenue à un niveau minimal équivalent à 60 jours de consommation[80] à l'échelle national. S'agissant d'un minimum légal, le gouvernement peut imposer un niveau supérieur.

Le ministre en charge des hydrocarbures fixent les modalités de gestion du stock stratégique, c'est-à-dire les conditions et procédés de constitution et d'utilisation.

3.2.1 Le stock de sécurité

Chaque société d'importation ou de commercialisation des produits pétroliers importés constitue son propre stock

[80] Article 116 de la loi portant régime général des hydrocarbures et 230 du Décret portant règlement d'hydrocarbures.

de sécurité dans ses installations[81] ou dans les dépôts et réservoirs loués à de stockistes installés à proximité.

Le stock de sécurité de chaque entreprise d'importation et commercialisation est constitué et maintenu, pour chaque catégorie des produits pétroliers visés, à un niveau minimal équivalant à *« 20% du volume déclaré pour la consommation en cours de l'année précédente*[82] ». Le ministre peut, en cas de relèvement du risque d'interruption d'approvisionnement, prescrire un niveau minimal supérieur qui ne dépasse 50% du même volume. Chaque société peut également, en fonction de sa propre évaluation des risques, maintenir son stock de sécurité au-dessus du minimum légal.

Le stock de sécurité de chaque entreprise est placé sous le contrôle de l'État, de sorte que le gouvernement est habilité à prendre toutes les mesures nécessaires en vue d'assurer sa constitution et son maintien au niveau minimal requis.

§2 Règles de raffinage

Les règles relatives au raffinage définissent le raffinage (1), les conditions et la procédure d'y accéder (2) ainsi que les obligations qui en découlent (3)

1 Définition du raffinage

Suivant l'article 2 point 3 de la loi portant régime général des hydrocarbures, le raffinage est une « opération consistant à traiter par des procédés physico-chimiques les hydrocarbures en vue de l'obtention des produits marchands ou des produits dérivés finis ou semi-finis commercialisables »

---

[81] Article 233 du décret portant règlement d'hydrocarbures

[82] Article 117 alinéa 1 de la loi portant régime général des hydrocarbures.

Techniquement, le terme « raffinage » s'applique traditionnellement au pétrole brut, c'est-à-dire aux hydrocarbures liquides ; mais dans le cas d'espèce, la loi n'ayant pas spécifié le type d'hydrocarbures auquel elle l'applique, nous pouvons en déduire qu'il est applicable également aux hydrocarbures gazeux et liquides ; de sorte qu'il vise toutes les activités possibles de transformation des hydrocarbures en produits semi-finis ou finis, dont principalement les trois catégories suivantes :

a) le raffinage des hydrocarbures liquides (pétrole)

Le raffinage du pétrole ou des hydrocarbures liquides est une industrie lourde qui transforme le pétrole brut, en produits énergétiques, tels que carburant et combustibles ; et en produits non énergétiques, tels que les matières premières pétrochimiques, lubrifiants, paraffines et bitumes. Les produits sont ensuite acheminés vers le consommateur final, soit directement, soit à travers un réseau de distribution comprenant notamment des dépôts et des stations-service.

La transformation des pétroles bruts s'effectue dans les raffineries, usines à feux continus et très automatisées, qui sont plus ou moins complexes selon la gamme des produits fabriqués et selon la qualité des pétroles bruts comparée aux exigences du marché. La complexité d'une raffinerie se traduit par le nombre d'unités de fabrication. Ces unités utilisent des procédés physiques ou chimiques que l'on peut classer en trois catégories : les procédés de séparation, les procédés de conversion et les procédés d'épuration.

b) la liquéfaction, la gazéification et la cuisson des hydrocarbures solides (houille)

La liquéfaction des hydrocarbures solides ou la houille est un procédé industriel qui consiste en leur conversion en hydrocarbures liquides, c'est-à-dire en pétrole ; de sorte que ceux-ci peuvent être transformés en carburants ou en produits pétrochimiques divers.

La gazéification des hydrocarbures solides est un procédé industriel qui consiste, avec un apport d'oxygène, à transformer la houille en gaz composé de monoxyde de carbone et d'hydrogène appelé gaz de synthèse. Ce gaz peut être transformé à son tour en pétrole ou, après épuration, il peut être utilisé pour produire de la chaleur ou de l'électricité.

La cuisson des hydrocarbures solides est une opération industrielle qui consiste à enfourner la houille en vue d'obtenir, sous une haute température une pâte dite *pâte à coke* qui est ensuite solidifiée et transformée en coke. Celui-ci est un combustible utilisable en fonderie, en sidérurgique et même pour le chauffage domestique.

c) la liquéfaction du gaz naturel

La liquéfaction du gaz naturel est un procédé industriel qui consiste à transformer le gaz naturel en un condensé à l'état liquide dit méthane. Celui-ci est un hydrocarbure simple, inodore, non corrosif et non toxique.

Le gaz naturel liquéfié est principalement utilisé comme moyen de transporter le gaz naturel de pays producteurs vers des pays consommateurs par voie maritime ; il est aussi utilisé comme carburant pour navires ou pour véhicules terrestres, et comme solution d'acheminement du gaz naturel vers des sites non reliés au réseau.

Les activités définies aux points *a)* et *b)* ci-dessus correspondent à la transformation telle que définie à l'article 2 point 45 de la loi portant régime général des hydrocarbures ; et celle définie au point *c)* correspond au « traitement », tel que défini à l'article 2 point 45 de la même loi. Cette dernière n'ayant pas prévu expressément les règles spécifiques applicables à ces deux activités, elles sont implicitement soumises à celles du raffinage.

2 Conditions et procédures d'accès à une activité de raffinage

Par la précision des conditions d'accès légales à une activité de raffinage **(2.1)**, nous pouvons en déduire la procédure **(2.2)**

2.1 Conditions

Pour accéder à une activité de raffinage, l'impétrant de l'autorisation y relative doit remplir les conditions légales et règlementaires suivantes :

- être une personne morale de droit congolais ou étranger[83]. S'agissant d'une activité commerciale, il la personne morale doit être une société constituée sous une de formes légales ou une entreprise publique créée par l'État, la province ou une Entité territoriale décentralisée ;
- souscrire à un cahier des charges établi par le ministre et obtenir un agrément ;
- présenter une étude d'impact environnemental conformément à la législation sur la protection de l'environnement en République démocratique du Congo ;
- choisir pour l'implantation de l'usine de raffinage un site d'où l'on peut techniquement et financièrement accéder à une source d'approvisionnement en hydrocarbures bruts ; et d'où l'on peut dans les mêmes conditions évacuer les produits finis vers les points de consommation[84] ;
- les équipements et les matériels doivent être rentables pour la transformation du type d'hydrocarbure brut

---

[83] Article 153 du Décret portant règlement d'hydrocarbures

[84] Article 156 du Décret portant règlement d'hydrocarbures.

visé et répondre aux normes techniques nationales et internationales en vigueur pour l'industrie pétrolière[85] ;

- payer une *taxe rémunératoire* et signer le contrat avec le ministre en charge des hydrocarbures[86] ;

2.2 Procédure

La loi portant régime général des hydrocarbures et le décret portant règlement d'hydrocarbures ne fixe pas une procédure d'accès à une activité de raffinage. En agençant les conditions indiquées ci-avant, nous pouvons cependant en déduire une et la dérouler de la façon suivante :

- constitution et dépôt (par la personne morale légalement qualifiée) du dossier de demande d'agrément. La demande étant adressée au ministre en charge des hydrocarbures avec copie au secrétaire général du ministère[87] et devant comporter l'indication du site, des sources d'approvisionnement en brut et des points d'évacuation des produits fabriqués ainsi que la description du matériel et des équipements à affecté à l'activité ;
- instruction de la demande par le ministre en faisant inspecter le site et vérifier l'outil d'exploitation et octroi de l'agrément ministériel ;
- élaboration et présentation par la requérante d'une EIES et d'un PGES du projet d'activité conformément à la législation relative à la protection de l'environnement ;
- paiement par la requérante d'une taxe rémunératoire ainsi que signature du cahier des charges et du contrat proposé par le ministre en charge d'hydrocarbures valant autorisation spécifique d'activités.

[85] Article 156 du Décret portant règlement d'hydrocarbures
[86] Article 157 du Décret portant règlement d'hydrocarbures
[87] Article 155 du Décret portant règlement d'hydrocarbures

3 Les obligations relatives au raffinage

Après la signature du contrat octroyant le droit de transformer les hydrocarbures bruts et durant l'exercice de ce droit, le bénéficiaire doit, suivant les articles 103 de la loi portant régime général des hydrocarbures, et 158 du décret portant règlement d'hydrocarbures, accomplir les obligations suivantes :

- se doter d'équipements et matériels d'exploitation conforme aux normes techniques internationales et nationales ;
- souscrire les polices d'assurance nécessaires pour assurer ses ouvrages, équipements et matériels affectés à l'exploitation ;
- maintenir et améliorer sa capacité productive en vue de faire face à l'évolution de la demande nationale ;
- prioriser pour toute opération financière les banques et établissements financiers congolais en cas d'équivalence compétitive avec une offre financière extérieure ;
- assurer le transfert de technologie ;
- remettre en état le site à la fin de l'exploitation ;
- contribuer à la constitution du stock stratégique telle qu'expliquée ci-dessous ;

§3 Les règles relatives au circuit d'importation des produits pétroliers

Suivant la loi portant régime général des hydrocarbures, le circuit d''importation des produits pétroliers est une chaîne d'activités comprenant la fourniture des produits pétroliers (1), l'importation des produits pétroliers (2) et la commercialisation des produits pétroliers (3).

1 La fourniture des produits pétroliers

Une précision de la définition de la fourniture des produits pétroliers (1.1) permet d'en comprendre les conditions et procédures d'exercice (1.2)

1.1 Définition

Suivant l'article 2 point 18 de la loi portant régime général des hydrocarbures, la fourniture des produits pétroliers est « une activité consistant à amener les produits pétroliers en consignation sur le territoire national, en vue de les mettre à la disposition des importateurs agréés par le Ministre ayant les hydrocarbures dans ses attributions »

Il s'agit en claire d'une opération qui, par rapport à l'importation, s'analyse comme une exportation des produits pétroliers vers la République Démocratique du Congo, réalisée sur le territoire national par un exportateur agréé, ayant conclu avec le gouvernement un contrat d'approvisionnement du pays en produits pétroliers. Cet exportateur est seul habilité à acquérir les produits pétroliers sur le marché international ou étranger, à les faire entrer sur le territoire national, à les consigner dans des entrepôts sous douane agréés et à les offrir aux importateurs.

Les produits pétroliers en question sont le pétrole brut qui peut être destiné à des raffineries locales, les carburants destinés à divers consommateurs, et les huiles de base destinées à des industries pétrochimiques locales.

1.2 Conditions et procédures d'exercice, et obligations du fournisseur

1.2.1 Conditions

Pour avoir la qualité de *fournisseur des produits pétroliers* en RDC, il faut, suivant l'article 192 du Décret portant règlement d'hydrocarbures, accomplir les conditions suivantes :

- avoir une domiciliation fixe en RDC ou à l'étranger ;

- pour une société étrangère, avoir en RDC un « responsable statutaire » (c'est-à-dire une agence ou un bureau de liaison), ou un « représentant, personne morale » (c'est-à-dire une filiale) chargé de la facilitation des contacts entre d'une part, le fournisseur, et d'autre part, les entrepositaires, les transporteurs et les importateurs ;
- avoir une capacité de fourniture à la hauteur de la demande et de vente à crédit, et préciser ses sources d'approvisionnement ;
- bénéficier des services financiers d'une banque crédible au plan internationale ;
- signer un contrat de fourniture avec le ministre en charge des hydrocarbures ;

L'exercice de l'activité de *fourniture des produits pétroliers* est interdit aux sociétés bénéficiaires d'exonérations, telles que les sociétés d'exploitation pétrolière, les entreprises minières et les associations sans but lucratif.

1.2.2 Procédure

La procédure d'acquisition de la qualité de *fournisseur des produits pétroliers* résulte des articles 181 à 185 du Décret portant règlement d'hydrocarbures.

En effet, suivant ces dispositions règlementaires, l'acquisition de la qualité de *fournisseur des produits pétroliers* se fait par voie de demande de signature du *contrat de fourniture*.

Cette demande est adressée au ministre en charge des hydrocarbures avec copie au secrétaire général du ministère. Le dossier de la demande est constitué de preuves relatives aux conditions indiquées ci-dessus, que l'administration vérifie avant la signature du *contrat de fourniture*.

Le *contrat de fourniture* est conforme au contrat type, tel que fixé à l'annexe I du Décret portant règlement d'hydrocarbures, et il indique essentiellement : la nature, la qualité et le volume annuel des produits à fournir, les conditions générales de livraison aux importateurs, les critères de fixation des prix ainsi que les modalités de paiement par l'importateur.

Le *contrat de fourniture* est conclu pour une durée de 4 ans renouvelable. Sa signature est soumise au paiement d'une taxe.

1.2.3 Obligations

Dans l'exercice de ses activités, le *fournisseur des produits pétroliers* doit accomplir les obligations suivantes, prescrites par le décret portant règlement d'hydrocarbures à ses articles 186 à 194 :

- fournir les produits conformes aux normes de qualité internationales et nationales ;
- consigner les produits dans un entrepôt agréé ;
- fixer les prix sur base de la cotation des produits sur le marché international en les augmentant des coûts de transport calculés suivant les critères indiqués par le ministre en charge des hydrocarbures ;
- pour les produits entrant par les corridors Ouest, Est et Sud, demander la certification de leur qualité et leur quantité par un prestataire agréé ;
- communiquer à l'administration les quantités de produits transportés et celles des produits déchargés ainsi que les stocks destinés à la consommation locale et ceux en transit.

2 L'importation des produits pétroliers

La définition de l'importation des produits pétroliers (2.1) permet d'en comprendre les conditions et procédures d'exercice (2.2), ainsi que les obligations de l'importateur (2.3)

2.1 Définition

Telle qu'elle est légalement organisée, l'importation des produits pétroliers peut se définir comme l'achat sous douane de ces produits par une personne, importateur agréé, auprès d'un fournisseur tel que défini ci-dessus, en vue de leur consommation ou de leur revente à des consommateurs locaux.

2.2 Conditions et procédure d'exercice

2.2.1 Conditions

Pour exercer l'activité d'importation des produits pétroliers, il faut :

- être un importateur agréé. Cette condition ressort de l'article 106 de la loi portant régime général des hydrocarbures, mais le règlement d'hydrocarbure n'organise pas la procédure d'octroi d'un agrément ;
- être commerçant enregistré et opérer sous forme d'une société commerciale. Cette condition ressort de l'article 164 du Décret portant règlement d'hydrocarbures, auquel renvoie l'article 202, en ce qu'il exige qu'il soit annexé à la demande d'autorisation d'importation les copies des statuts de l'importateur ;
- obtenir une autorisation d'importation lorsque les produits importés sont destinés à l'auto-approvisionnement, ou *l'autorisation d'importation-commercialisation,* lorsque les produits importés sont destinés à la revente sur le marché local. Ceci ressort de l'article198 litera 2 et 3 du Décret portant règlement d'hydrocarbure.

2.2.2 Procédure

Suivant l'article 202 du Décret portant règlement d'hydrocarbures, l'obtention d'une autorisation d'importation ou d'une *autorisation d'importation-commercialisation* se fait conformément à la procédure prescrite à l'article 164 du même Décret, c'est-à-dire :

- adresser une lettre de demande au ministre en charge des hydrocarbures et y annexer les pièces requises pour l'exercice du commerce ;
- s'engager à souscrire et à transmettre la police d'assurance offerte légalement pour garantir les risques liés à la manipulation des produits pétroliers ;

Suivant l'article 201 du Décret portant règlement d'hydrocarbures, l'autorisation d'importation est accordée par le ministre en charge des hydrocarbures pour une durée de 12 mois renouvelable ; et elle est valable pour l'approvisionnement en produits pétroliers à n'importe quel endroit du territoire national.

La demande de renouvellement doit être introduite, suivant l'article 207 du décret en question, 45 jours avant l'expiration de l'autorisation initiale. Ceci sous-entend qu'après l'expiration du permis sans une demande de renouvèlement valable, le requérant désirant poursuivre ses activités devra réintroduire une demande d'obtention d'un deuxième permis initial dans les conditions prescrites.

2.3 Obligations de l'importateur

L'importateur des produits pétroliers est tenu de :

- souscrire une police d'assurance dommages et responsabilité civile ;
- déclarer mensuellement à l'administration centrale et provinciale des hydrocarbures le volume des produits importés et suivant les cas, des quantités consommées ou vendues ;

- appliquer le prix homologué par le ministre en charge des hydrocarbures en application des articles 187 et 188 du décret portant règlement d'hydrocarbures ;
- constituer et maintenir un stock opérationnel suffisant pour satisfaire la demande ;

3 La commercialisation des produits pétroliers

La définition de la commercialisation des produits pétroliers (3.1), nous permet d'en saisir les conditions et procédures d'exercice (3.2)

3.1 Définition

Suivant l'article 198 du décret portant règlement d'hydrocarbures, la commercialisation des produits pétroliers signifie :

- leur revente sur le marché local par importateur après qu'il en ait effectué l'achat auprès d'un fournisseur ;
- et leur achat effectué auprès d'un importateur par un simple commerçant, en vue de le revendre sur le marché local.

Ainsi, la distribution des produits pétroliers sur le marché local s'effectue à deux niveaux distincts, suivant la quantité à écouler :

- au niveau d'un importateur agréé obligé à les acquérir auprès d'un fournisseur et autorisé à écouler un volume supérieur à 10 m3 ;
- et au niveau d'un simple commerçant obligé de s'approvisionner auprès d'un importateur agréé et autorisé à écouler un volume égal ou inférieur à 10 m3.

3.2 Conditions et procédures d'exercice

Les conditions et procédures d'exercice du commerce des produits pétroliers varient qu'il exercé par un importateur agréé **(3.2.1),** ou par un simple commerçant **(3.2.2)**

3.2.1 Par un importateur agréé

Suivant l'article 198 du décret portant règlement d'hydrocarbures, l'exercice par un importateur du commerce local des produits pétroliers est conditionné par l'obtention d'une *autorisation d'importation et commercialisation.*

L'*autorisation d'importation et commercialisation* est délivrée suivant les conditions et la procédure décrites ci-avant, et prescrites à l'article 164 du décret portant règlement d'hydrocarbures ; elle porte sur la distribution d'une quantité de produits pétroliers comprise entre :

- 100,001 m3 et plus, pour ceux de catégorie A
- 50,001 m3 à 100 m3, pour ceux de catégorie B
- 10, 001 m3 à 50 m3, pour ceux de catégorie C

3.2.2 Par un simple commerçant

Suivant l'article 198 du Décret portant règlement d'hydrocarbures, l'exercice par un simple commerçant du commerce local des produits pétroliers est conditionné par l'obtention d'un *permis de commercialisation.*

Suivant l'article 204 du décret portant règlement d'hydrocarbures, le *permis de commercialisation* est destiné exclusivement à des personnes physiques qui, pour l'obtenir, doivent procéder comme suit :

- introduire, en double exemplaire, un dossier de demande comprenant les éléments d'identification et de domiciliation du requérant ainsi que son extrait de registre de commerce et de crédit mobilier ou la patente ;
- et souscrire aux conditions techniques fixées par le ministre.

L'instruction du dossier se fait par le secrétaire général du ministère des hydrocarbures conformément aux articles 205 et 206 du décret portant règlement d'hydrocarbures. À cet effet, il dresse une fiche de renseignement et un rapport de constat de domiciliation effective. En cas de non-conformité du dossier, il en informe le requérant qui doit donner des précisions ou des rectifications nécessaires dans un délai de 15 jours ouvrables. Sinon, la demande est rejetée.

Suivant les articles 200 et 201 du décret portant règlement d'hydrocarbures, le *permis de commercialisation* est accordé par le secrétaire général du ministère des hydrocarbures pour une durée de 12 mois renouvelables ; Il est valable pour acheter et revendre les produits pétroliers à n'importe quel endroit du territoire national.

Suivant l'article 199 du décret portant règlement d'hydrocarbures, le *permis de commercialisation* porte sur la distribution d'une quantité de produits comprise entre :

- 5,001 m3 à 10 m3, pour les produits de la catégorie A ;
- 1 m3 à 5 m3, pour les produits de la catégorie B, à l'exclusion des lubrifiants pour les quantités inférieures à 5 m3.

La demande de renouvellement doit être introduite, suivant l'article 207 du Décret en question, 45 jours avant l'expiration du permis initial. Ceci sous-entend qu'après l'expiration du permis sans une demande de renouvèlement valable, le requérant désirant poursuivre ses activités devra réintroduire une demande d'obtention d'un deuxième permis initial dans les conditions prescrites.

§4 Les règles relatives au transport, stockage et distribution du gaz de pétrole liquéfié (GPL) et du gaz butane

Il nous faut d'abords faire observer, en précisant les notions de GPL et de butane par rapport à celle de gaz naturel, l'omission de cette dernière dans ce dispositif (1), avant d'exposer le contenu des règles en question (2)

1 Précision des notions de GPL et de butane et observation sur l'omission du gaz naturel dans le dispositif des activités d'hydrocarbure en aval

1.1 Notions de GPL et de butane

Le GPL est un mélange d'hydrocarbures légers, stocké à l'état liquide et constitué principalement du propane et du butane. Ces deux hydrocarbures sont donc les deux formes sous lesquelles se présente le GPL, et leur légèreté consiste en ce que, contrairement au gaz naturel, ils sont facilement liquéfiable, même sous une faible pression équivalente à l'aire d'un pneu.

Ainsi compris, le GPL (butane ou propane) est un produit résiduel soit d'un champ de gaz naturel, soit de l'extraction du pétrole ou soit du raffinage de ce dernier. Dans le premier cas, il est obtenu lors de l'extraction du gaz naturel et dissocié du méthane ; dans le deuxième cas, il est récupéré lors de l'extraction du pétrole à partir du gaz associé dissous ; et dans le troisième cas, il constitue des coupes légères de la distillation du pétrole brut, c'est-à-dire produites en marge de la fabrication des carburants lourds.

Le GPL est différent du gaz naturel liquéfié (GNL), issu du traitement proprement dit du gaz naturel (constitué principalement du méthane), c'est-à-dire de sa transformation en hydrocarbure liquide. Cette liquéfaction est un moyen d'assurer son transport par *véhicule-citerne* en cas d'absence de gazoduc.

1.2 Omission du dispositif de commerce du gaz naturel

Il résulte de la précision de la notion de GPL que le dispositif légal et règlementaire relatif à son transport, son stockage et sa distribution ne s'applique pas au gaz naturel ou au gaz naturel liquéfié (GNL). Et pourtant, la loi portant régime général des hydrocarbures prévoit tout un dispositif d'accès au gaz naturel tel qu'analysé ci-avant.

Cette omission ne s'explique pas, car l'exploitation du gaz naturel en lui-même inclut un dispositif technique de transport, de stockage et de distribution aussi important que celui du pétrole et qui comporte généralement les phases suivantes :

a) le transport d'un puit producteur à une station de compression

Dans cette phase, le gaz naturel est transporté du puit producteur vers une station de compression, qui est une unité technologique où le gaz est comprimé et rejeté à une pression plus élevée. Le transport s'effectue par voie de canalisation de collecte reliant les puits à la station.

b) le transport de la station de compression à un puit de stockage souterrain ou à une usine de traitement

Une fois comprimé et rejeté au niveau de pression voulu, le gaz naturel peut être transporté, soit vers une usine de traitement, soit vers un puit de stockage souterrain. Celui-ci comprenant toutes les installations de surface et de fond du sol nécessaires à la conservation du gaz.

c) le transport de l'usine de traitement vers un point de livraison ou une station électrique

Une fois traitée, le gaz naturel est acheminé soit vers une centrale électrique en vue de produire de l'électricité, soit vers un point de livraison ou de distribution à des consommateurs divers.

d) le transport du point de livraison vers les consommateurs

Du point de livraison, le gaz est acheminé vers les consommateurs divers, soit les maisons commerciales ou résidentielles.

Concernant les voies de transport, le gaz naturel peut être transporté au moyen de canalisations dites « gazoducs ». Il s'agit des pipe-lines reliant les différentes phases du circuit de transport décrit-ci avant. Mais lorsque le coût de construction des gazoducs s'avère prohibitif, le gaz naturel peut être liquéfié pour obtenir le gaz naturel liquéfié (GNL) qui est stocké, soit dans un navire dit « méthanier », soit dans un camion-citerne approprié ou soit dans des bouteilles à gaz ; de sorte qu'il soit transporté vers le lieu de consommation, où il est préalablement gazéifié à nouveau pour être distribué.

Un tel dispositif technique devrait logiquement faire l'objet d'une règlementation particulière, organisant le circuit de son transport et de son stockage après extraction.

2 Contenu des règles

Les règles en question indiquent la procédure et les conditions d'exercice des activités (2.1), et organisent le système de transport et de stockage du GPL (2.2)

2.1 Les conditions et procédure d'exercice des activités

Telle qu'organisées par le Décret portant règlement d'hydrocarbures à ces articles 208 à 220, les activités de transport, de stockage et de distribution du GPL se déroulent dans un circuit d'importation, semblable à celui des produits pétroliers, tel que décrit ci-avant. Il comporte les phases d'activités suivantes :

a) la fourniture du GPL

Elle n'est pas spécifiquement règlementée, mais le décret en question y fait allusion à son article 210 impliquant que l'importation du GPL doit se faire auprès d'un fournisseur. Ce dernier devrait être structuré comme celui des produits pétroliers.

b) l'importation et la commercialisation du GPL

Suivant l'article 210 du Décret en question, l'importation et la commercialisation du GPL sont subordonnées à l'obtention d'une autorisation d'importation et de commercialisation. Ce dernier est un titre permettant à l'opérateur d'importer auprès du fournisseur du GPL et de le mettre en vente.

L'autorisation en question est octroyée par le ministre pour une durée de 12 mois renouvelables, et elle est requise lorsque la quantité de GPL à importer est supérieure à 5 tonnes.

L'obtention de l'autorisation d'importation et de commercialisation se fait par une demande adressée au ministre, suivant la procédure prescrite aux articles 214 et 215 du Décret et qui sont les mêmes que celles indiquées ci-avant pour les produits pétroliers.

Les obligations de l'importateur sont prescrites à l'article 216 et sont identiques à celles de l'importateur des produits pétroliers.

c) la commercialisation du GPL

La commercialisation du GPL par un commerçant se fait au moyen d'un *permis de commercialisation*, octroyé pour une durée de 12 mois renouvelables par le secrétaire général du ministère des hydrocarbures ou par le Chef de division provincial délégué.

Ce permis est requis pour l'achat auprès d'un importateur d'une quantité maximale de 5 tonnes de GPL.

La demande de permis est adressée au secrétaire général, suivant la procédure prescrite aux articles 217 à 220 qui est la même que celle du permis de commercialisation des produits pétroliers décrite ci-avant.

2.2 Le système de transport et de stockage du GPL

À son article 221, le Décret portant règlement d'hydrocarbures se contente d'indiquer vaguement les installations pour le stockage, le déchargement et le chargement du GPL ; et à son article 222, il soumet simplement l'exercice des activités visées à l'obtention d'une autorisation du ministre.

Cependant, il ne prescrit ni les conditions et les procédures pour l'installation des équipements, ni celles relatives à l'obtention de cette autorisation ministérielle.

§5 Les règles relatives à l'entreposage des produits pétroliers en transit

Suivant l'article 249 du décret portant règlement d'hydrocarbures, l'entreposage des produits pétroliers en transit est effectué, au profit des fournisseurs extérieurs, par les stockistes et les entrepositaires exerçant leurs activités dans les conditions légales et règlementaires décrites ci-avant.

Et un stockiste ou un entrepositaire qui reçoit en consignation les produits pétroliers en transit doit en informer le ministre en charge des hydrocarbures au moyen d'un bulletin indiquant les statistiques des produits reçus et leurs volumes.

Sous peine d'amende, les stockistes ou les entrepositaires doivent veiller à ce que les quantités des produits pétroliers en transit ne réduisent l'espace pour les fournisseurs locaux, de manière à compromettre l'approvisionnement du pays[88].

---

[88] Articles 250 du décret portant règlement d'hydrocarbures.

Par ailleurs, sous peine d'amende, ils doivent s'organiser de sorte qu'un fournisseur ou un groupe de fournisseurs ne puissent s'organiser, pour occuper seul les entrepôts pétroliers en vue de constituer un monopole de l'offre des produits pétroliers importés.

Suivant l'article 252 du Décret en question, toute consignation des produits pétroliers en transit donne droit à la perception d'un droit de passage déterminé par le ministre et l'entrepositaire ou le stockiste. Une quotité de ce droit est rétrocédée au ministère en charge des hydrocarbures.

§6 Les règles relatives à l'industrie pétrochimique

L'industrie pétrochimique n'est règlementée qu'au niveau règlementaire (et non légal), en ce qui concerne uniquement les conditions et procédures de son implantation (1), ainsi que celles de son approvisionnement extérieur en dérivés d'hydrocarbures et leurs transformation (2)

1 Les conditions et procédures d'implantation d'une usine de transformation pétrochimique

1.1 Les conditions d'implantation

Toute personne désireuse d'implanter une usine de transformation pétrochimique doit accomplir les conditions suivantes prescrites par le Décret portant règlement d'hydrocarbures :

- être une société de droit congolais ou étranger. Non formelle, cette condition se déduit des articles 243 et 244 du Décret qui, respectivement, identifie l'exploitant comme une société et requiert le dépôt des statuts notariés pour obtenir l'autorisation d'exercice ;
- choisir un site éloigné des lieux d'habitation et réunissant les conditions nécessaires pour son approvisionnement en matière première et l'évacuation des produits pétrochimiques ;

- effectuer une EIES et élaborer un PGES conformément à la législation sur la protection de l'environnement ;
- disposer d'un matériel approprié pour la matière première utilisée de sorte que les produits finis répondent aux normes de fabrication nationales et internationales ;
- signer un contrat d'implantation avec le ministre en charge des hydrocarbures ;

1.2 La procédure d'implantation

Pour implanter une usine de transformation pétrochimique, la personne ayant réuni les conditions indiquées ci-avant procède de la manière suivante :

- introduction d'une demande d'implantation et le dossier comprenant les pièces relatives aux conditions préalables requises. La demande est adressée au ministre en charge des hydrocarbures avec copie pour information au secrétaire général du ministère ;
- instruction de la demande et, en cas d'avis favorable, paiement d'un bonus de signature du contrat d'implantation (article 240) ;
- signature du contrat d'implantation avec le ministre en charge d'hydrocarbures (article 237)

Suivant l'article 239 du décret, le contrat d'implantation est signé pour une durée de 25 ans renouvelable. La demande de renouvellement doit être introduite deux ans avant l'expiration du contrat en cours et le renouvellement est conditionné par la performance de l'entreprise.

2 Les conditions et procédures de transformation-implantation des dérivés d'hydrocarbures

Après l'implantation de l'usine de transformation pétrochimique, la société propriétaire doit, pour importer les produits de base et les transformer, obtenir du ministre en charge des hydrocarbures l'*autorisation d'importation-transformation*.

À cet effet, elle adresse au ministre avec copie au secrétaire général du ministère une demande avec un dossier comprenant les éléments d'identification commerciale et un engagement à souscrire une police d'assurance pour tout risque lié au transport et à l'utilisation des produits.

Le secrétaire général instruit la demande conformément à l'article 245 du décret et, en cas d'avis favorable, le ministre octroie, contre paiement d'une taxe (article 247), l'*autorisation d'importation-transformation* pour une durée d'une année renouvelable ; elle donne droit à acquérir les produits pétroliers de base à n'importe quel endroit du territoire national (article 246).

La société transformatrice est obligée de déclarer mensuellement la quantité des produits utilisés, transformés et commercialisés.

Chapitre V
LE REGIME FISCAL, DOUANIER ET CAMBIAL DES ACTIVITES D'HYDROCARBURES

Le régime fiscal, douanier et cambial des activités d'hydrocarbures varie suivant qu'il s'agit des activités de l'amont pétrolier (section I), et celles de l'aval pétrolier (section II)

Section 1
CONCERNANT LES ACTIVITES DE L'AMONT PETROLIER

L'analyse du régime fiscal, douanier et cambial de l'amont pétrolier peut être faite à travers ses objectifs qui sont : la simplification du cadre juridique (§1), le partage équitable de la production pétrolière (§2), la redistribution de la rente pétrolière aux autres parties intéressées (§3), ainsi qu'un régime douanier et cambial incitatifs (§4)

§1 La simplification du cadre juridique

Telle que comprise ci-avant, la simplification du cadre juridique est réalisée par l'intégration à la loi d'un dispositif fiscale et douanier exclusif (1), d'un numérus clausus d'impositions fiscales et parafiscales dues dans le cadre d'un contrat de partage production (2), et la détermination contractuelle du régime fiscal d'un contrat de service (3)

1 Intégration à la loi d'un dispositif fiscal et douanier exclusif

Les libellés des dispositions légales (1.1) appellent une clarification sur les bénéficiaires de cette exclusivité (1.2)

1.1 Libellés des dispositions légales

À ces articles 122 et 123, la loi portant régime général des hydrocarbures intègre un dispositif fiscal et douanier exclusif, c'est-à-dire exonérant les exploitants de toute autre imposition non intégrée.

En effet, elle stipule à son article 122, intégré à son *titre IV* le régime fiscal et douanier en ces termes : « tout contractant ou prestataire de services est assujetti au régime fiscal et douanier prévu dans le présent chapitre » ; et à son article 123, elle en exclut toutes les autres impositions non inclusses en ces termes : « les certificats de non-imposition couvrant toutes les taxations, entre autres impôts afférents, droits de douane, retenues sont fournis aux contractants ou prestataires de service y compris leurs filiales, consultants, sous-traitants par la Direction générale des Impôts et la Direction générale des douanes et accises ».

Il va sans dire que toute association dite « contractant » ou tout prestataire de service n'est assujetti qu'aux impositions fiscales et douanières, intégrées dans la loi portant régime général des hydrocarbures, et bénéficie pour les autres impositions de même nature, non intégrées d'une exonération garantie par un *certificat de non-imposition* délivré par les services en charge de leur perception.

1.2 Clarification sur les bénéficiaires de cette exclusivité

Alors qu'à son article 122, la loi portant régime général des hydrocarbures ne vise que l'association dite « contractant » et le *prestataire des services*, à son article 123 il étend le bénéfice de la garantie d'exonération des autres impositions non intégrées, c'est-à-dire le *certificat de non imposition*, à leurs filiales, sous-traitants et consultants. Il y a lieu de se demander dans quelle mesure ces derniers sont exonérés, au même titre que le « contractant » et le *prestataire de services.*

Il faut d'abords préciser qu'à son article 122, la loi portant régime général des hydrocarbures vise toutes les entreprises formant l'association dite « contractant » et cosignataires du *contrat de partage de production* ou du *contrat de service*, en ce compris le *prestataire de service* opérant dans le cadre d'un *contrat d'assistance.* En tant qu'ils participent directement à une activité d'hydrocarbure, ils sont seules bénéficiaires de exclusivité du régime fiscal et douanier de cette dernière, telle que garantie par le *certificat de non-imposition.*

Quant à la filiale visée à l'article 123 de la loi en question, il s'agit logiquement, non d'une filiale de l'association dite « contractant », qui n'a pas de personnalité juridique pour en constituer une, mais d'une société dans laquelle une des entreprises constituant le « contractant » est actionnaire ou associé majoritaire ; elle bénéficie naturellement de l'exclusivité du régime fiscal et douanier, si elle participe elle-même aux activités d'hydrocarbures dans le cadre d'un contrat de partage de production, d'un contrat de service ou d'un *contrat d'assistance technique.*

Quant aux sous-traitants et consultants, il s'agit des entreprises qui exécutent au nom et pour le compte de toutes les entreprises constituant l'association dite « contractant » ou de l'une d'entre elles, une des activités relevant de l'exécution d'une ou des obligations du contrat d'hydrocarbure. Ils bénéficient pour ces activités de mêmes avantages fiscaux et douaniers que les entreprises constituant l'association dite « contractant ».

1.3 Numérus clausus d'impositions fiscales et parafiscales

Le *numerus clausus* d'impositions fiscales et parafiscales dues par les entreprises constituant le « contractant » ou par le prestataire de service comprend les impositions créées par la loi portant régime général des hydrocarbures (1.3.1), et les impositions créées par d'autres lois (1.3.2) ; et il faut expliquer son intangibilité (1.3.3)

1.3.1 Les impositions créées par la loi portant régime général des hydrocarbures

Suivant l'article 125 de la loi pétrolière, les impositions créées dans le cadre de la loi portant régime général des hydrocarbures sont :

a) les bonus

Les bonus sont les sommes dues à l'État, et dont les faits générateurs sont les évènements positifs liés au fonctionnement d'un *contrat de partage de production*, tels qu'indiqués à l'article 126 de la loi pétrolière. Nous avons ainsi :

- le bonus de signature du contrat,
- le bonus d'enregistrement du droit d'exploration,
- le bonus de renouvellement du droit d'exploration
- le bonus de renouvellement du droit d'exploitation
- le bonus de signature de l'avenant du contrat
- le bonus de production du premier baril.

b) les royalties

Suivant l'article 127 de la loi pétrolière, une royaltie est une redevance en nature ou en espèce, due en contrepartie de l'extraction d'une quantité donnée d'hydrocarbures ; elle est perçue sur la quantité d'hydrocarbures produite à la tête du puit, déduction faite des eaux et des sédiments, des quantités utilisées pour l'extraction et des coûts de transport jusqu'au point d'exportation.

c) la part du *profit oil* et de l'*excess oil* due à l'État

Suivant l'article 134 de la loi pétrolière, la part du *profit oil* due à l'État est la quantité d'hydrocarbures prélevée à son profit sur la part restante de la production après le prélèvement des quantités dues à l'État au titre de royalties et de remboursement du *cost oil* au contractant.

Suivant l'article 133 alinéa 4 et 5 de la loi pétrolière, la part de l'*excess oil* due à l'État est la moitié de la portion d'hydrocarbures qui se dégage lorsque le *cost oil* (les quantités équivalentes aux coûts pétroliers) s'avère inférieur au *cost stop* (le pourcentage de la production prévu pour être affecté au *cost oil*) ; elle doit être partagée à parts égales entre l'État et le contractant.

d) la redevance superficiaire

Suivant l'article 129 de la loi pétrolière, la redevance superficiaire est celle qui est due annuellement en contrepartie de l'occupation d'un bloc en phase d'exploration ou d'exploitation ; elle est fixée à un équivalent de 100 USD par km^2 pour un *bloc d'exploration*, et à 500 USD par km^2 pour un *bloc d'exploitation*.

e) la taxe sur cession d'intérêt

Suivant l'article 277 du décret portant règlement d'hydrocarbures, il s'agit d'une taxe perçue sur la plus-value de la cession d'une part d'intérêt dans un *contrat de partage de production* ; elle est de 40% sur la plus-value pour un contrat en phase d'exploration et de 30% en phase d'exploitation.

f) la taxe de statistique

Suivant l'article 275 du décret portant règlement d'hydrocarbures, il s'agit d'une taxe équivalant à 1% de la valeur de la production nette et destinée à rémunérer tous les services de l'État intervenant dans le fonctionnement d'un contrat d'hydrocarbures. Ces services sont indiqués dans un arrêté interministériel des ministres en charge des finances et des hydrocarbures.

1.3.2 Les impositions créées par les autres lois

En application des autres lois, un opérateur pétrolier est assujetti à :

a) le « paiement » d'un document administratif

Il s'agit de toute taxe administrative due en contrepartie de la délivrance ou de l'établissement d'un document administratif ; elle est ainsi créée dans le cadre de la loi ou du règlement qui régit le service qui établit ce document.

b) l'impôt exceptionnel sur la rémunération du personnel expatrié

C'est un impôt sur le revenu professionnel créé dans le cadre de la loi fiscale ; il est dû sur les rémunérations versées aux travailleurs de nationalité étrangère employés en république démocratique du Congo.

c) l'impôt professionnel sur les rémunérations

C'est un impôt sur le revenu professionnel, créé dans le cadre de la loi fiscale. Il est dû sur les rémunérations versées aux travailleurs congolais.

d) la taxe sur la valeur ajoutée en phase d'exploitation

C'est un impôt sur la consommation de biens et services créé dans le cadre de la loi fiscale. Elle est due sur les dépenses effectuées par l'opérateur en échange des biens et services achetés pour les besoins de l'exploitation. Il va sans dire qu'il en est exempté pour les biens et services achetés pour les besoins de l'exploration, suivant l'article 276 alinéa 2 du décret portant règlement d'hydrocarbures.

1.3.3 L'intangibilité du numerus clausus de l'article 125

Suivant l'interprétation combinée des articles 122, 123 et 125 de la loi pétrolière, un opérateur pétrolier n'est assujetti qu'aux 16 impositions énumérées à cette disposition légale. Pour toute autre imposition fiscale ou parafiscale, il bénéficie d'une exemption attestée par un *certificat de non-imposition.*

En effet, suivant l'article 125 alinéa 1 en question, le *numerus clausus* d'impositions dues par l'opérateur pétrolier est défini *sans préjudice des exonérations accordées par la loi.* Ceci veut dire que : si une loi, fiscale ou autre, créant une des impositions énumérées la supprime ou en exonère les opérateurs pétroliers, l'imposition supprimée ne saurait être maintenue en application de l'article 125 en question ; elle est réputée soustraite du *numerus clausus.*

Cependant, la loi pétrolière peut être modifiée pour adapter le *numerus clausus* à la politique pétrolière, c'est-à-dire que le législateur peut, dans ce cadre législatif, ajouter ou supprimer une imposition fiscale ou parafiscale.

3 La détermination contractuelle du régime fiscal d'un contrat de services

Suivant l'article 139 alinéa 2 de la loi portant régime général des hydrocarbures, *le régime fiscal du contrat de services est fixé dans le contrat.* Cette disposition implique une double dérogation au droit commun des impositions fiscales et parafiscales, ainsi qu'au régime fiscal institué au chapitre 2, articles 124 à 138 de la loi pétrolière.

Cette double dérogation implique une liberté contractuelle qu'il faut circonscrire au regard des articles 122 point 10 et 174 alinéa 1 de la Constitution, réservant au seul législateur le droit de créer les impositions de toute nature et l'impôt.

En effet, pour un *contrat de services*, tel que défini ci-avant, l'État et le *prestataire de service* conviennent un régime fiscal applicable à ce dernier. Ce régime implique en matière fiscale et parafiscale une liberté contractuelle qui, dans notre entendement, signifie le droit des parties :

- de choisir parmi les impositions fiscales et parafiscales instituées par les lois (fiscale, pétrolière et parafiscale) celles auxquelles peut être assujetti l'opérateur. Ce choix se fait suivant la rentabilité du projet d'exploration et d'exploitation ;
- de créer et définir la redevance due par le *prestataire de service* en contrepartie de la jouissance du bien domanial qu'est le gisement d'hydrocarbures, dans la mesure où il s'agit d'un contrat assimilable en droit administratif à une concession des travaux publics ou de service public, les parties ont la liberté d'en définir la contrepartie due par le prestataire de services ;

Par contre, la création d'un impôt, c'est-à-dire une contribution sans contrepartie directe aux charges publiques étant constitutionnellement du ressort de la loi, l'État ne saurait en créer par voie contractuelle avec le *prestataire de service*. Pas plus qu'ils ne peuvent créer une imposition sans aucun rapport direct, en terme de contrepartie, avec l'accès aux hydrocarbures.

§2 Le régime de partage équitable de la production pétrolière

Pour assurer le partage équitable de la production pétrolière, la loi institue une répartition différentielle des parts d'hydrocarbures suivant les zones fiscales (1) et fixe la procédure de partage de la production pétrolière (2).

1 La répartition différentielle des parts d'hydrocarbures suivant les zones fiscales

Les taux des parts d'hydrocarbures attribuées aux différentes parties à un *contrat de partage de production* varient suivant les zones fiscales. Celles-ci correspondent aux catégories de *bloc d'extraction*, telles que définies ci-avant[89] suivant l'article 46 du Décret portant règlement d'hydrocarbures.

Ainsi nous avons :

- une *zone fiscale A* correspondant à un *bloc de catégorie A* qui est celui qui présente des meilleures conditions d'accessibilité ;
- une *zone fiscale B* correspondant à un *bloc de catégorie B* qui est celui qui présente des bonnes conditions d'accessibilité ;
- une *zone fiscale C* correspondant à *bloc de catégorie C* qui est celui qui présente d'assez bonnes conditions d'accessibilité ;
- une *zone fiscale D* correspondant à *bloc de catégorie D* qui est celui qui présente des conditions d'accessibilité plus ou moins laborieuses.

En raison de l'évolution du niveau de profit que l'opérateur est sensé réalisé dans chaque zone fiscale, par rapport aux coûts d'accès, les taux de parts d'hydrocarbures dues à l'État sont plus élevés dans la *zone fiscale A* et diminuent jusqu'à un niveau plus faible dans la *zone fiscale D* ; et en raison de l'évolution du niveau du coût d'accès qu'il est sensé supporté par rapport à l'accessibilité de chaque zone fiscale, les taux des parts d'hydrocarbures attribuées aux entités composant le contractant sont plus élevés dans la *zone fiscale D* et diminuent jusqu'à un niveau plus faible dans la *zone fiscale A*.

---

89 Pp 46-47

2 La procédure de partage de la production pétrolière

La procédure de partage de la production pétrolière consiste principalement en la détermination mensuelle de la production pétrolière (2.1), ainsi que de chaque part d'hydrocarbures et modalités de prélèvement suivant l'ordre de primauté (2.2)

2.1 La détermination mensuelle de la production pétrolière disponible

Au passage des hydrocarbures à la tête du puit, l'opérateur fait les statistiques journalières des quantités extraites qu'il consolide et évalue chaque fin du mois dans un rapport adressé au ministre en charge des hydrocarbures[90].

De la quantité d'hydrocarbures extraite au terme d'un mois, l'opérateur déduit les eaux, les sédiments, les quantités d'hydrocarbures utilisées pour faire fonctionner l'outillage d'extraction et les prévisions des coûts de transport des installations de production, jusqu'au point d'exportation. La déduction de ces dernières se fait par le prélèvement d'une quantité d'hydrocarbures correspondant à leur montant.

Toutes ces déductions sont reprises, rubrique par rubrique, dans le rapport mensuel de production qui est transmis au ministre, assorti d'une lettre de demande d'avis favorable. Le ministre peut requérir une contre vérification.

Ainsi, la production pétrolière disponible est constituée de la quantité d'hydrocarbures extraite, au terme d'un mois diminuée de déductions en question, approuvées par le ministre en charge des hydrocarbures.

La valeur monétaire de la production pétrolière disponible est faite généralement en appliquant à la quantité du

---

[90] Articles 127 alinéa 1 de la loi portant régime général d'hydrocarbures et 266 du décret portant règlement d'hydrocarbures.

brut extrait un prix obtenu par la comparaison avec le cours mondial d'un *brut de référence*, c'est-à-dire le brut représentant le plus gros volume d'échange sur les marchés internationaux. Le prix ainsi obtenu indique la valeur totale de la production pétrolière.

2.2 Détermination de chaque part d'hydrocarbures et modalités de prélèvement suivant l'ordre de primauté

Après évaluation monétaire, la production pétrolière disponible est répartie en : royaltie due à l'État (2.2.1), *cost oil* (2.2.2), *excess oil* (2.2.3), *profit oil* (2.2.4) et *super profit oil* (2.2.5)

2.2.1 La royaltie due à l'État

La royaltie due à l'État est la part d'hydrocarbures qui lui est attribuée au titre de redevance de production ; elle est déterminée et prélevée comme suit :

a) détermination et modalités de prélèvement

Dès la détermination de la quantité d'hydrocarbures produite au cours d'un mois, soit après l'approbation ministérielle du rapport de production mensuelle et des déductions effectuées, le ministre ordonne le paiement de la royaltie en nature ou en espèce.

En cas de paiement en nature, le ministre en charge des hydrocarbures prévient par notification l'association dite « contractant », six mois à l'avance et prend les dispositions pratiques, c'est-à-dire il désigne la personne morale chargée d'effectuer le prélèvement d'hydrocarbures au nom de l'État[91].

La personne morale désignée pour effectuer le prélèvement en nature tient une comptabilité des matières avec

[91] Article 273 alinéa 1 du décret portant règlement d'hydrocarbures.

l'association dite « contractant », c'est-à-dire détermine dans la quantité d'hydrocarbures proposée à la vente ou à l'exportation la portion due au titre de royaltie. Une fois la vente effectuée au point d'exportation, la personne morale désignée reçoit la part du prix correspondant à la valeur de cette portion d'hydrocarbures, qu'il verse au trésor public dans le délai convenu[92].

Au cas où la personne morale désignée pour effectuer le prélèvement d'hydrocarbures dispose de ses propres moyens d'enlèvement, de stockage, de transport et de livraison à l'acheteur, elle signe avec ce dernier un contrat de vente, dont il communique la copie certifiée au ministre en charge des hydrocarbures et au secrétaire général.

En cas de prélèvement de la royaltie en espèce ou en numéraire, l'opérateur transmet au ministre en charges des hydrocarbures une déclaration comprenant : le prix de la production proposée à la vente, le contrat de vente y relatif ainsi que le montant de la royaltie, assorti des éléments de calcul, c'est-à-dire les déductions opérées en application de l'article 266 de la loi pétrolière[93].

En cas d'approbation de la déclaration, le ministre ordonne au contractant de payer la royaltie déclarée dans un délai de 45 jours. Le paiement s'effectue au compte du trésor public suivant la loi relative au paiement des dettes envers l'État[94].

b) fixation du taux

Suivant l'article 128 de la loi portant régime général des hydrocarbures, le taux de la royaltie est fixé dans le *contrat de partage de production*, de manière différentielle

---

[92] Article 273 alinéa 2 du décret portant règlement d'hydrocarbures.

[93] Article 270 du Décret portant règlement d'hydrocarbures

[94] Article 272 du Décret portant règlement d'hydrocarbures

sur base des minima légaux déterminés suivant les zones fiscales.

En effet, le taux convenu ne peut être inférieur à :

- 12,5% de la production pétrolière disponible dans la *zone fiscale A*
- 11% de la production pétrolière disponible dans la *zone fiscale B*
- 9,5 % de la production pétrolière disponible dans la *zone fiscale C*
- 8% de la production pétrolière disponible dans la *zone fiscale D*

2.2.2 Le *cost oïl*

Le *cost oil* est la part d'hydrocarbures affectée au remboursement des dépenses effectuées par les entreprises constituant l'association dite « contractant » ; elle est déterminée et prélevée de la manière suivante :

a) détermination du *cost oil*

À la fin de chaque année civile, le contractant prélève, au titre de remboursement des dépenses effectuées en phase d'exploration et d'exploitation par chacune de ses entités, une quantité d'hydrocarbures dite *cost oil* et correspondant à la somme de ces dépenses, telles qu'indiquées à l'article 131 de la loi portant régime général des hydrocarbures.

Pour la détermination de ce *cost oil*, le *contrat de partage de production* fixe un seuil dit *cost stop*, qui est un pourcentage donné de la production pétrolière annuelle, disponible, c'est-à-dire diminuée de royalties mensuelles dues à l'État. Ce *cost stop* fixe ainsi la limite de la quantité d'hydrocarbures que l'association dite « contractant » peut prélever au cours d'une année au titre de récupération des coûts engagés en phase d'exploration et d'exploitation.

Ainsi, le *cost oil* correspond à la somme fixée, dans les limites du *cost stop*, des coûts ci-dessous effectués après l'octroi du droit d'hydrocarbure, c'est-à-dire après l'approbation du *contrat de partage de production* :

- les coûts d'exploration, de développement, d'exploitation et de fonctionnement engagés par chacune des entités constituant l'association dite « contractant[95] »
- les coûts d'abandon, c'est-à-dire les provisions de *travaux d'abandon*, constituées par versement annuel dans un compte séquestre ouvert à la banque centrale. Cette provision est considérée comme une charge d'exploitation[96]
- les coûts des contributions annuelles aux projets de développement socioécomiques de l'Entité locale, de la Province ou du gouvernement central. Suivant l'article 137 alinéa 2 de la loi portant régime général des hydrocarbures, ils sont récupérables comme coûts d'exploitation.

Au terme de l'article 132 de la loi portant régime général d'hydrocarbures, les bonus, les dépenses effectuées avant l'octroi du droit d'exploration ou d'exploitation et les redevances (royaltie et redevance superficiaire) ne sont pas des coûts récupérables au titre de *cost oil*. Sont également exclus de coûts récupérables : les amendes et les pénalités diverses, infligées à l'association dite « contractant » pour violation des dispositions de la loi portant régime général des hydrocarbures.

b) modalités de prélèvement et fixation du taux

Suivant ces critères légaux de détermination du *cost oil*, l'association dite « contractant » tient une comptabilité

[95] Article 131 de la loi portant régime général des hydrocarbures

[96] Suivant l'article 288 alinéa 2 du décret portant règlement d'hydrocarbures.

annuelle qui fait la sommation de tous ces coûts récupérables, en détaillant la nature de dépenses effectuées par chacune de ses entités en indiquant leurs montants.

Ensuite, il détermine les barils d'hydrocarbures affectés au remboursement des coûts engagés en appliquant à la production pétrolière annuelle disponible (diminuée de royalties) les montants des dépenses effectuées ; et il affecte les barils d'hydrocarbures correspondant au montant de chaque dépense à son remboursement dans l'ordre suivant :

- le remboursement des dépenses d'exploration ;
- le remboursement des dépenses de développement ;
- le remboursement des dépenses d'exploitation (intégrant les coûts des provisions des travaux d'abandon et d'interventions sociales) ;
- le remboursement des dépenses de fonctionnement.

Au bout du compte et dans cet ordre, chaque entité constituant l'association dite « contractant » se voit attribuer, dans la production pétrolière annuelle disponible, une quantité d'hydrocarbures correspondant aux dépenses qu'elle a effectuées en phase d'exploration ou d'exploitation, de sorte qu'elle en reçoive le prix au moment de la vente de la production pétrolière.

Suivant l'article 133 alinéa 3 de la loi pétrolière, le taux global du *cost oil* ne peut pas être supérieure à :

- 55% de la production pétrolière annuelle disponible dans la *zone fiscale A* et dans la *zone fiscale B* ;
- 60% de la production pétrolière annuelle disponible dans la *zone fiscale C* ;
- 65% de la production pétrolière annuelle disponible dans la *zone fiscale D*.

2.2.3 L'*excess oil*

L'*excess oil* est le solde des prévisions des coûts récupérables. Suivant l'article 286 du Décret portant règlement d'hydrocarbures, il est en effet la part d'hydrocarbures résultant de la différence entre les coûts réellement engagés et récupérés au cours d'une année et le *cost stop*.

En claire, les parties établissent des prévisions de coûts ou de dépenses à effectuer au cours d'une année et conviennent un quota annuel d'hydrocarbures, *cost stop*, récupérables au titre de *cost oil*. Si les dépenses ou les coûts réellement engagés au cours d'une année par les entreprises constituant l'association dite « contractant » correspondent, cependant, à une quantité d'hydrocarbures inférieure au *cost stop,* il ne récupérera que cette quantité au titre de *cost oil*, de sorte que la différence, exclue du *cost oil*, constitue l'*excess oil*.

Si au terme du calcul du *cost oil*, il se dégage un *excess oil*, l'association dite « contractant » en informe le ministre en charge des hydrocarbures et procède au partage en parts égales entre lui et l'État. Ce dernier peut procéder à l'enlèvement de sa portion d'*excess oil* ou en recevoir le prix après la vente de la production.

Dans ce cas, lorsque les coûts ou les dépenses réellement engagés dépassent les prévisions et induisent une quantité d'hydrocarbures supérieures au *cost stop*, il est généralement convenu que les coûts excédentaires sont rapportés pour être intégrés au *cost oil* de la production de l'année suivante.

2.2.4 Le *profit oil*

Le *profit oil* est la production pétrolière nette, c'est-à-dire la part de la production pétrolière annuelle qui reste après les déductions des royalties et du *cost stop*[97] ; il est determiné et réparti de la manière suivante :

a) la détermination du *profit oil* et des parts de chaque partie

[97] Article 291 du décret portant règlement d'hydrocarbures

Le *profit oil* est partagé à deux niveaux, c'est-à-dire entre l'État et l'association dite « contractant », puis entre les entreprises constituant cette dernière.

Le *profit oil* est partagé entre l'État et l'association dite « contractant » suivant un barème progressif, qui est fixé par le *contrat de partage de production*. La part de chacun est fixée en pourcentage de production pétrolière annuelle nette. La progressivité de ce barème contractuel signifie que le pourcentage de la part due à l'État augmente suivant une tranche d'augmentation du nombre de barils produits ; c'est-à-dire, de *x* nombres de barils à *y* nombres de barils, l'État a par exemple 40% ; et ce pourcentage augmente progressivement suivant l'augmentation du nombre de barils jusqu'à une certaine limite.

Suivant l'article 135 de la loi portant régime général des hydrocarbures, la part du *profit oil* due à l'État ne peut, dans tous les cas, être inférieurs à :

- 45% de la production annuelle nette dans la *zone fiscale*
- 40% de la production annuelle nette dans la *zone fiscale*
- 40% de la production annuelle nette dans la *zone fiscale*
- 35% de la production annuelle nette dans la *zone fiscale*

Entre les entreprises constituant l'association dite « contractant », la part du *profit oil* revenant à cette dernière est partagée suivant les parts d'intérêts attribuées à chacune d'elles dans le *contrat de partage de production*. Ces parts d'intérêts sont fixées en pourcentage de la production annuelle nette.

b) les modalités de prélèvement de la part de l'État

L'État peut prélever sa part du *profit oil* soit en nature, soit en espèce.

Dans le premier cas, l'État s'accorde avec l'association dite « contractant » sur les modalités de fixation du prix, en tenant compte des cours mondiaux du brut. Le *contrat de partage de production* peut ainsi prévoir que les parties se rencontreront à la fin de chaque trimestre, pour fixer le prix des hydrocarbures en tenant compte des informations sur l'évolution du cours mondiaux par rapport à la qualité des produits[98] ; et l'association dite « contractant » effectue le paiement dans un délai de 45 jours, à dater de cette convention sur le prix en produisant le contrat de vente[99]. Elle agit conformément à la règlementation en vigueur relative au mode de paiement des dettes envers l'État.

Dans le deuxième cas, l'État doit notifier au moins six mois avant la fin de l'échéance du partage de sa décision de prélever sa part du *profit oil* en nature. Il prend à cet effet toutes les mesures pratiques d'enlèvement et de transport des hydrocarbures ; puis il désigne une personne morale chargée de procéder à ces opérations et de vendre les hydrocarbures en son nom et pour son compte[100].

Après la vente, la personne morale désignée en verse le produit dans le compte du Trésor public suivant la règlementation en vigueur sur le paiement des dettes envers l'État.

2.2.5 Le super *profit oil*

Lorsqu'au moment de la vente, le prix du baril ayant servi de calcul de la valeur de production nette annuelle

---

[98] Articles 13.3 et 13.4 du contrat de partage de production entre la RDC et l'association des entreprises : Dominium pétroleum congo, Soco exploration-production RDC et Cohydro sur le bloc V du graben Albertine.

[99] Articles 292 et 293 du décret portant règlement d'hydrocarbures.

[100] Article 294 du décret portant règlement d'hydrocarbures.

s'avère supérieure au prix convenu par les parties dans le contrat, il se réalise un excédent du produit de la vente qui est qualifié de *super profit oil*[101].

Ce *super profit oil* est intégralement versé à l'État conformément à l'article 136 alinéa 2 de la loi portant régime général des hydrocarbures.

§3 Les règles de redistribution de la rente pétrolière aux autres parties intéressées

La redistribution de la rente pétrolière aux autres parties intéressées se fait par les interventions sociales en faveur des populations riveraines (1), les contributions au fonctionnement de l'administration pétrolière (2) et les contributions au fonds de générations futures (3)

1 Les interventions sociales en faveur des populations riveraines affectées par les travaux d'exploration et d'exploitation

Le « contractant » est tenu d'effectuer les interventions sociales en faveur des populations riveraines au moyen d'une contribution annuelle durant l'exploration (1.1), et de la constitution d'une provision annuelle durant l'exploitation (1.2)

1.1 Contribution annuelle durant l'exploration

Suivant l'article 77 de la loi pétrolière, le « contractant » est tenu de financer les projets de développement durable en faveur des populations riveraines, directement affectées par les travaux d'exploration.

Ce financement se fait par une contribution annuelle fixée par le *comité de concertation* constitué pour coordonner, élaborer les projets et coordonner leur exécution. Le montant de cette contribution annuelle ne peut être in-

[101] Article 136 alinéa 1 de la loi portant régime général des hydrocarbures.

férieur à 1% des prévisions de dépenses pour le programme minimum des travaux d'exploration tel que convenu dans le contrat[102].

La contribution est mise à la disposition des agents du comité de coordination, dès la prise d'effet du contrat de partage de production en ce qui concerne le droit d'exploration, et ce, suivant les modalités convenues par les parties ; elle est par ailleurs récupérable comme coûts d'exploration au titre de *cost oil*[103].

1.2 La constitution d'une provision annuelle durant l'exploitation

Suivant l'article 77 de la loi portant régime général des hydrocarbures, le « contractant » est tenu, en phase d'exploitation, de constituer chaque année une provision pour le financement des projets de développement durable en faveur des populations riveraines directement affectées par les travaux d'exploitation.

Le montant de cette provision peut être déterminé à la fin de chaque année au moment du partage de la production et il correspond à 0,5 % de la part du *profit oil* due au contractant. Les modalités de versement sont déterminées par les parties. Dans ce cas, une fois versée au comité de coordination, cette provision est récupérable sur la production de la période suivante au titre de *cost oil.*

Le montant de la provision peut être également payé anticipativement, soit au début de chaque année de production. Dans ce cas, il est calculé sur base des prévisions de la production annuelle nette et de la part du *profit oil* attribuable au « contractant » ; et une fois payé, il est com-

---

[102] Article 297 du décret portant règlement d'hydrocarbures

[103] Article 137 alinéa 2 de la loi portant régime général des hydrocarbures

ptabilisé comme coût d'exploitation récupérable au titre de *cost oil* à la fin de l'année[104].

2 Les contributions annuelles au fonctionnement de l'administration en charge des hydrocarbures

Suivant l'article 137 alinéa 1 de la loi portant régime général des hydrocarbures, le « contractant » est tenu de contribuer annuellement : à la formation des agents publics du secteur des hydrocarbures, aux activités d'exploration des bassins sédimentaires initiées par l'administration, au fonctionnement de la banque des données pétrolières et gazières et à la participation de l'État aux organisations internationales du secteur des hydrocarbures.

La détermination et les modalités de paiement de ces contributions sont déterminées dans le contrat ou par le règlement[105]. Ces contributions peuvent être effectuées en espèce ou en nature. Le « contractant » peut ainsi financer un programme de formation des agents publics ou le former lui-même par ses experts, financer un projet d'exploration public ou y participer directement par ses agents, financer les activités de stockage et de gestion des données ou y participer directement et contribuer aux cotisations dues par la RDC aux organisations internationales de gestion pétrolière.

Les dépenses relatives à ces contributions sont comptabilisées comme coûts d'exploration ou d'exploitation récupérables au titre de *cost oil*.

---

[104]Article 137 alinéa 2 de la loi portant régime général des hydrocarbures

[105] Le décret portant règlement d'hydrocarbures s'est cependant abstenu de les règlementer.

3 Les contributions publiques au Fond des générations futures

Suivant l'article 19 alinéa 2 de la loi portant régime général des hydrocarbures, une quotité de la part du *profit oil* due à l'État doit être versée au Fond des générations futures.

Ainsi, lorsqu'il prélève sa part du *profit oil*, l'État doit déterminer une quotité de barils dont le fruit de la vente doit être versé au Fond des générations futures pour des investissements pérennes en faveur de ces dernières.

§4 Régime douanier et cambiale incitatifs

Pour stimuler les activités de l'amont pétrolier, la loi portant régime général des hydrocarbures se dote d'un régime douanier et cambial incitatif, c'est-à-dire comportant des incitations douanières **(1)** et des incitations cambiales **(2)**

1 Les incitations douanières

Il y a des incitations douanières à l'importation des biens spécialement destinés à l'exploration et à l'exploitation **(1.1)**, ainsi qu'à leur exportation et réexportation **(1.2)**, et les incitations douanières à l'exportation des hydrocarbures bruts **(1.3)**

1.1 À l'importation des biens spécialement destinés à l'exploration et à l'exploitation des hydrocarbures

Suivant l'article 140 de la loi pétrolière, le « contractant » est soumis au régime douanier de droit commun, à l'exception de l'importation des biens spécifiquement destinés aux activités d'exploration ou d'exploitation des hydrocarbures.

Pour bénéficier de cette franchise dérogatoire, le « contractant »doit présenter au ministre en charge des finances la liste de biens en question qu'il compte importer, en obtenir l'approbation et souscrire auprès de l'administration douanière une déclaration promettant que les biens listés seront exclusivement utilisés pour les activités d'exploration et/ou d'exploitation d'hydrocarbures[106].

Il bénéficie aussi de la même franchise douanière lorsque ces biens ne sont importés qu'à titre provisoire, c'est-à-dire pour essaie ou pour louage avec garantie de les retourner à l'expéditeur[107]. Pour bénéficier de cette franchise douanière, cette importation temporaire doit se faire moyennant une autorisation préalable de l'administration douanière.

L'utilisation d'un bien importé en franchise douanière à une fin autre que l'exploration ou l'exploitation des hydrocarbures, son échange ou sa vente doivent être déclarés à l'administration douanière pour l'annulation de la franchise et sa soumission au régime douanier de droit commun[108]. En l'absence d'une telle déclaration, ces actes sont constitutifs d'une fraude douanière[109].

1.2 À l'exportation et la réexportation des biens destinés à l'exploration et à l'exploitation

Le contractant bénéficie également d'une franchise douanière pour l'exportation ou la réexportation des biens destinés à l'exploration et à l'exploitation des hydrocarbures et régulièrement importés en franchise douanière[110].

Il bénéficie de la même franchise douanière pour l'exportation temporaire des biens importés en franchise douanière, c'est-à-dire leur exportation pour réparation ou louage à l'extérieure du pays. Pour bénéficier de cette franchise douanière, cette exportation temporaire doit se

106 Articles 141 et 143 du décret portant règlement d'hydrocarbures
107 Article 144 de la loi pétrolière
108 Article 146 de la loi pétrolière.
109 Article 147 de la loi pétrolière.
110 Article 148 point 4 de la loi pétrolière

faire moyennant une autorisation préalable de l'administration douanière

Cette franchise douanière s'étend par ailleurs à l'exportation ou la réexportation des biens suivants : les carottes et les échantillons géologiques, les échantillons d'hydrocarbures bruts ainsi que les échantillons d'huile et de produits chimiques.

1.3 À l'exportation des hydrocarbures bruts

Suivant l'article 150 de la loi portant régime général des hydrocarbures, « le contractant bénéficie du régime de la franchise totale des droits et taxes à l'exportation des hydrocarbures en République Démocratique du Congo ».

À notre avis, cette franchise totale n'inclut pas la taxe statistique ou le paiement d'un document administratif dus en application de l'article 125 de la loi pétrolière. Ceci veut dire que cette taxe doit comprendre aussi la rémunération de l'intervention des services publics dans les opérations matérielles d'exportation des hydrocarbures (transport, embarquement, déchargement) ; et le « contractant » doit payer tout document administratif facturé et délivré au cours d'une opération d'exportation des hydrocarbures bruts.

2 Les incitations cambiales

Suivant l'article 151 de la loi portant régime général des hydrocarbures, les opérations de change effectuées par le « contractant » ne relèvent pas du *régime de change* de droit commun : elles sont soumises à un régime de change de faveur, déterminé par la Banque Centrale.

Et en cas de litige sur l'application de ce régime cambial de faveur, les décisions de la Banque centrale ne bénéficient pas du privilège du préalable dans leur exécution : l'association dite « contractant » a le droit de les contester et, partant, de faire constituer par le ministre en charge des hydrocarbures, une commission tripartite chargée de l'harmonisation des points de vue.

Cette commission est composée de représentants du ministère, de la Banque Centrale du Congo et du contractant.

Section 2
LE REGIME FISCAL, DOUANIER ET CAMBIAL DE L'AVAL PETROLIER

§1 Régime fiscal et douanier

La loi portant régime général des hydrocarbures prévoit un régime fiscal et douanier de faveur applicable à la fourniture des produits pétroliers (1), et un autre applicable aux autres activités de l'aval pétrolier (2)

1 Applicable à la fourniture des produits pétroliers

Suivant l'article 152 de la loi portant régime général des hydrocarbures, la fourniture des produits pétroliers (telle que définie ci-avant) n'est pas soumise au régime fiscal et douanier de droit commun : elle est plutôt soumise aux règles fiscales et douanières du contrat de fourniture des produits pétroliers type.

En effet, suivant l'article 11 alinéa 1 de ce contrat type, le fournisseur n'est soumis qu'au paiement du bonus de signature du contrat et des frais d'expertise dont les preuves constituent l'annexe au contrat de fourniture des produits pétroliers signé.

À son alinéa 2, la même disposition règlementaire stipule que les droits d'importations et de vente des produits pétroliers sont à charge, non du fournisseur, mais de l'acheteur, c'est-à-dire l'importateur agréé tel que défini ci-avant[111], qui s'acquitte par ailleurs de toutes les autres obligations envers l'État résultant de l'importation des produits pétroliers.

2 Applicable aux autres activités de l'aval pétrolier

Suivant l'article 152 de la loi portant régime général des hydrocarbures, les autres activités de l'aval pétrolier sont soumises au régime fiscal et douanier de droit commun et, pour ce qui concerne le transport par canalisation des produits pétroliers, à la redevance superficiaire.

Rappelons que ces autres activités de l'aval pétrolier sont telles que définies ci-avant: le raffinage, le transport-stockage des produits pétroliers, l'importation et la commercialisation des produits pétroliers et l'industrie pétrochimique.

Le transport par canalisation des hydrocarbures signifie l'exploitation des pipelines locaux, nationaux et transfrontaliers ainsi que les gazoducs. Le taux de la redevance due pour ces activités est fixé par le contrat d'exploitation des canalisations signé entre le transporteur et l'État[112].

§2 Le régime cambial de l'aval pétrolier

Suivant l'article 154 de la loi portant régime général des hydrocarbures, les opérations de change effectuées par les sociétés exerçant les activités de l'aval pétrolier sont soumises à un régime de change particulier déterminé par la Banque Centrale du Congo.

En cette matière, les décisions de la Banque Centrale du Congo ne bénéficient pas du privilège du préalable dans leur exécution. Les opérateurs ont le droit de les contester et, partant, de faire instituer une commission tripartite d'harmonisation des points de vue entre leurs repré-

[112] Article 308 du décret portant règlement d'hydrocarbures.

sentants, ceux de la Banque Centrale et ceux du ministère en charge des hydrocarbures[113]

[113] Article 309 du décret portant règlement d'hydrocarbures.

Chapitre VI
LE REGIME DE CONTENTIEUX DES ACTIVITES D'HYDROCARBURES

Le régime de contentieux des activités d'hydrocarbures comprend les règles relatives au le contentieux de l'amont pétrolier (section 1) et celles relatives au contentieux de l'aval pétrolier (section 2)

Section 1
REGLES RELATIVES AU CONTENTIEUX DE L'AMONT PETROLIER

Il faut bien distinguer ici l'hypothèse de litige opposant l'État et le « contractant » ou le prestataire de service **(§1),** et les hypothèses de litige non prévues par la loi portant régime général des hydrocarbures **(§2).**

§1 Dans l'hypothèse de litige opposant l'état et le contractant ou le prestataire de service

Dans cette hypothèse légale, le décret portant règlement d'hydrocarbures circonscrit la définition et l'objet d'un litige relatif à l'amont pétrolier (1), et il précise la juridiction et la procédure de règlement (2)

1 Circonscription règlementaire de la définition d'un litige relatif à l'amont pétrolier par rapport aux parties litigantes et de son objet

1.1 Par rapport aux parties litigantes

Suivant l'article 182 de la loi portant régime général des hydrocarbures : « les litiges relatifs aux activités d'hydrocarbures en amont sont réglés à l'amiable ... » ; et le Décret portant règlement d'hydrocarbures complète à article 368 : « .... suivant les modalités convenues par les parties dans le contrat et conformément au présent règlement ».

Ainsi règlementé, un litige relatif à l'amont pétrolier peut être défini comme « tout litige opposant les parties à un contrat de partage de production, un contrat de service et un contrat d'assistance, c'est-à-dire l'État et les sociétés formant l'association dite « contractant ». Par « État », il faut entendre la République démocratique du Congo, participant directement au contrat via le ministre des hydrocarbures , sa société nationale par laquelle il y participe indirectement, conformément à l'article 14 de la loi portant régime général des hydrocarbures, le *Fond des générations futures*, par lequel il épargne pour les générations futures et l'*Agence congolaise de l'environnement*, par laquelle il assure la protection de l'environnement.

Donc, au sens de la loi portant régime général des hydrocarbures, telle qu'appliquée par le Décret portant règlement d'hydrocarbures, un litige relatif à l'amont pétrolier est celui qui oppose d'une part le gouvernement central, la société nationale des hydrocarbures, le Fond des générations futures et l'Agence Congolaise de l'environnement et, d'autre part les autres sociétés constituant l'association dite « contractant » ou une d'elles, ainsi qu'un prestataire de service.

1.2 Par rapport à l'objet

De l'interprétation des articles 368 à 372 du décret portant règlement d'hydrocarbures, un litige relatif à l'amont pétrolier est celui qui porte sur l'application ou l'interprétation d'un contrat d'hydrocarbure, ainsi que des dispositions légales ou règlementaires relatives aux activités convenues, et ce, dans la mesure où elle prescrive un droit à exercer ou une obligation à accomplir.

Suivant la nature de ces dispositions légales et règlementaires, nous avons :

a) le litige d'ordre administratif :

Un litige d'ordre administratif est celui qui, opposant l'administration pétrolière et le « contractant », porte sur le non accomplissement, dans le délai, d'une obligation conditionnant l'exercice des droit d'exploration et d'exploitation, leur renouvellement et leur cession, ou le non accomplissement systématique d'une obligation administrative.

Il peut s'agir du non-accomplissement de l'obligation d'entamer les travaux de développement dans le 12 mois, telle que prescrite sous peine de déchéance à l'article 65 de la loi portant régime général des hydrocarbures ; ou encore du non dépôt, dans le délai de 30 jours prescrit à son article 58, du rapport conditionnant le renouvellement d'un droit d'exploitation. Il peut s'agir du non dépôt des rapports ou de la communication à l'administration des informations requises par la loi.

Il peut également s'agir du non-accomplissement des conditions prescrites, pour la cession des droits d'exploration et d'exploitation, à l'article 78, 80, 81 et 82 de la loi portant régime général des hydrocarbures.

b) le litige d'ordre technique

Un litige d'ordre technique est celui qui oppose l'État et les sociétés tierces constituant l'association dite « contractant », ou le prestataire de service, et dont le règlement requiert une expertise technique conformément à l'article 182 de la loi portant régime général des hydrocarbures.

À son article 371, le décret portant règlement d'hydrocarbures indique à titre exemplatif des cas de litige d'ordre technique.

c) le litige d'ordre fiscal

Un litige d'ordre fiscal est celui qui, opposant l'État et l'association dite « contractant » ou le prestataire de service, porte sur la détermination et/ou le recouvrement des droits, taxes et impôts dus par ce dernier conformément à l'article 125 de la loi portant régime général des hydrocarbures.

Il s'agit principalement du litige portant sur l'évaluation de la production pétrolière globale, du *profit oil* et des parts d'hydrocarbures dues à l'État par l'association dite « contractant » ou le prestataire de service au titre de royalties, de redevance et de taxe statistique ; ainsi que des parts d'hydrocarbures dues à la société nationale par ses coassociés au sein de l'association en question.

d) le litige d'ordre social

Un litige d'ordre social est celui qui oppose soit l'État et l'association dite « contractant » ou le prestataire de service, soit ce dernier et les populations locales et le Fond des générations futures, sur l'exécution des clauses sociales stipulées dans le contrat ou la loi en leur faveur.

Il s'agit ainsi du litige résultant de l'inexécution totale ou partielle par l'association dite « contractant » ou le prestataire de service des obligations légales, règlementaires et contractuelles participant des interventions sociales prescrites aux articles 137 et 138 de la loi portant régime général des hydrocarbures.

e) le litige d'ordre environnemental

Le litige d'ordre environnemental est celui qui oppose soit l'État ou l'Agence Congolaise de l'environnement, à l'association dite « contractant » ou au prestataire de service, soit ce dernier aux communautés locales ; dans le premier cas sur les prescriptions environnementales légales, règlementaires et contractuelles et, dans le second cas sur tout préjudice environnemental causé par l'opérateur pétrolier.

Par la circonscription de l'objet des litiges de l'amont pétrolier, le Décret portant règlement d'hydrocarbures exclut implicitement du champ d'application de la règlementation des hydrocarbures ceux relatifs à la prospection et à l'attribution des droits d'hydrocarbure.

2 Juridiction et procédure de règlement des litiges

Il faut apprécier l'option légale de l'arbitrage international (2.1), avant d'exposer la procédure de règlement des litiges (2.2)

2.1 L'option légale de l'arbitrage international

Suivant les articles 182 de la loi portant régime général des hydrocarbures, 369 et 370 du décret portant règlement d'hydrocarbures, les litiges relatifs aux activités d'hydrocarbures sont, en cas d'échec de solution à l'amiable, soumis à une juridiction arbitrale internationale qui statue en application du droit congolais.

Une juridiction arbitrale internationale est une justice privée et payante, chargée de trancher les litiges commerciaux au niveau international qui lui sont soumis par les parties dans le respect des principes du droit. Il existe plusieurs mécanismes internationaux offrant des services d'arbitrage.

Cette option légale obéit au souci de rassurer les investisseurs privés dans un secteur où l'importance des enjeux nationaux peut induire une forte pression locale sur les pouvoirs publics, de sorte que l'impartialité d'une juridiction étatique en cas de litige peut être sérieusement mise à l'épreuve et donner lieu à une suspicion légitime.

2.2 La procédure de règlement des litiges

La procédure de règlement des litiges varie suivant qu'il s'agit d'un litige non technique ou ne requérant pas une expertise technique (2.2.1), d'un litige technique ou requérant une expertise technique (2.2.2),

2.2.1 S'agissant d'un litige non technique ou ne requérant pas une expertise technique

Pour régler un litige relatif à l'amont pétrolier ne requérant pas une expertise technique, les parties procèdent de la manière suivante :

a) notification du litige par une partie à l'autre

En cas d'exercice abusif d'un droit ou d'inexécution d'une obligation par une partie, la partie lésée lui notifie le litige né et propose les voies de solution à l'amiable conformément à l'article 369 du décret portant règlement d'hydrocarbure.

b) obligation d'une conciliation préalable

Après la formulation et la notification du litige, les parties conviennent des modalités pour transiger directement ou par l'intermédiaire d'un amiable compositeur.

c) recours à la juridiction arbitrale internationale

Suivant l'article 182 alinéa 1 de la loi portant régime général des hydrocarbures, en cas d'échec des négociations entreprises pour un règlement à l'amiable, chaque partie peut soumettre le litige à une juridiction arbitrale internationale désignée contractuellement.

Conformément à l'article 369 du décret portant règlement d'hydrocarbures, l'échec du règlement à l'amiable est présumé 30 mois après la notification du litige, de sorte que toute partie à la faculté de renoncer à la voie de solution à l'amiable et de saisir la juridiction internationale convenue.

Concernant le contrat de partage de production, la juridiction arbitrale doit y être désignée suivant l'article 46 point 13 de la loi portant régime général des hydrocarbures ; elle peut aussi l'être dans un contrat de service. Si dans ce cas les parties ne les font pas, elles désigneront à chaque litige la juridiction arbitrale par une convention spécifique.

2.2.2 S'agissant d'un litige technique ou requérant une expertise technique

En cas de litige requérant une expertise technique, les parties procèdent de la manière suivante :

a) notification du litige

Elle est faite dans les mêmes conditions que ci-dessus.

b) choix conventionnel d'un expert

Dès la naissance du litige comportant des aspects techniques, les parties conviennent d'un expert qui procède à l'établissement des faits.

c) obligation d'une conciliation préalable

À la lumière de l'expertise convenue, les parties entament les négociations en vue de résoudre le litige à l'amiable.

d) recours à l'arbitrage

En cas d'échec des négociations constaté par le refus des propositions de solution faites, la partie la plus diligente saisit la juridiction arbitrale suivant les modalités convenues dans le contrat.

En effet, dans ce cas, après la notification du litige, les parties choisissent de commun accord un expert technique pour les éclairer sur les aspects techniques du litige ; et c'est après cette expertise que les parties engagent les négociations en connaissance de cause. Chacune d'elles ayant le droit de saisir la juridiction arbitrale internationale.

§2 Hypothèses de litige non prévues par la loi portant régime générale des hydrocarbures

La loi portant régime général des hydrocarbures ne prévoit pas l'hypothèse de litige opposant l'association dite « contractant » ou le prestataire de service et les communautés locales (1), celle opposant l'État et le prospecteur (2), et celle opposant l'État et une société soumissionnaire durant l'appel d'offres (3)

1 Hypothèse de litige opposant l'association dite « contractant » ou le prestataire de service et les communautés locales

La précision de l'hypothèse (1.1) implique la question de savoir si les communautés locales peuvent agir directement contre l'association dite « contractant » ou le prestataire de service (1.2)

1.1 Précision de l'hypothèse

L'hypothèse envisagée ici est différente de celle relative à l'occupation litigieuse des terrains par l'association dite « contractant », telle que prévue par l'article 71 alinéa 1^{ier} de la loi portant régime général des hydrocarbures et dont la procédure de règlement est définie aux articles 127 et 129 du Décret portant règlement d'hydrocarbures.

En effet, il s'agit de l'hypothèse d'un litige portant sur la réclamation des communautés locales portant sur l'inexécution des clauses sociales et environnementales d'un contrat d'hydrocarbures stipulées par l'État à leur profit. Ce dernier peut, en effet, se montrer plutôt laxiste sur l'exécution ces clauses contractuelles, de sorte que les communautés locales bénéficiaires puissent s'en prendre directement aux entreprises constituant l'association dite « contractant » et leur réclamer telle ou telle autre prestation sociale ou environnementale stipulée en leur faveur dans un contrat d'hydrocarbures.

Cependant, la loi portant régime général des hydrocarbures ne prévoit pas des voies légales d'une telle réclamation.

1.2 Les communautés locales peuvent-elles agir directement contre l'association dite « contractant » ou le prestataire de service ?

Nous pouvons répondre à cette question suivant la règlementation sur les hydrocarbures (1.2.1), ainsi que suivant le droit commun des contrats (1.2.2) et le droit public international (1.2.3)

1.2.1 Suivant la règlementation des hydrocarbures

Suivant la règlementation sur les hydrocarbures, un litige portant sur l'inexécution des clauses sociales et environnementales, stipulées en faveur des communautés locales ne peut être résolu qu'à l'initiative de l'État agissant conformément aux articles 182 de la loi portant régime général des hydrocarbures et 368 à 370 du Décret portant règlement d'hydrocarbures.

Ainsi, il y a lieu de se demander si, bien qu'ignorées par la loi sur les hydrocarbures, telle qu'appliquée par le décret en question, les communautés locales disposent d'une voie juridique pour intervenir directement dans un litige portant sur les clauses du contrat d'hydrocarbures stipulées en leur faveur, et ce, au cas où l'État se montrerait défaillant.

1.2.2 Suivant le droit commun des contrats

Un contrat d'hydrocarbure est un contrat spécial régi par la loi y relative ; et pour toutes ses suites que cette dernière n'a point prévues, il est régi par le droit commun des obligations.

Ainsi, la règlementation sur les hydrocarbures n'ayant pas prévu les voies par lesquelles les communautés locales, bénéficiaires des clauses sociales ou environnementales d'un contrat d'hydrocarbure, peuvent défendre directement leurs intérêts qui en résultent, il faudrait se référer à l'article 21 du code général des obligations consacrant la stipulation pour autrui. Celle-ci est, suivant la doctrine, un contrat par lequel une partie appelée le *stipulant*, obtient d'une autre appelée le *promettant* l'engagement qu'elle donnera ou fera, ou ne fera pas quelque chose au profit d'un tiers appelé le *bénéficiaire*.

Les clauses sociales et environnementales d'un contrat d'hydrocarbure stipulées au profit des communautés locales participent bien d'une stipulation pour autrui, de sorte que l'État y est un *stipulant*, l'association dite « contractant » ou le prestataire de service y est un *promettant*, et les communautés locales y sont les *bénéficiaires*.

En droit commun des obligations, le *bénéficiaire* étant bien fondé d'agir directement contre le promettant, nous pouvons affirmer que les communautés locales peuvent le faire contre l'association dite « contractant » ou le prestataire ; et ce par une *action en responsabilité contractuelle.*

1.2.3 Suivant le droit international public

Les clauses sociales et environnementales d'un contrat d'hydrocarbures ne créent par des droits contractuels en faveur des communautés locales ; elles ne font que mettre en œuvre leurs droits sociaux, économiques et environnementaux reconnus par la Constitution à ses articles 53 et 58, ainsi que par la charte africaine des droits de l'homme et des peuples à ces articles 21 et 22.

Ces droits étant des droits fondamentaux, les communautés ont le droit de les défendre par toute voie de droit envers et contre tous. Elles peuvent agir directement contre l'État et le « contractant » ou le prestataire de service en vue d'obtenir, soit le respect de leur environnement, soit la répartition équitable des richesses nationales produites sur leurs terres.

Leur action peut être portée devant les cours et tribunaux nationaux, lorsqu'elle se fonde sur les dispositions constitutionnelles en question et devant la Commission africaine des droits de l'homme, lorsqu'elle se fonde sur les dispositions de la charte en question.

2 Hypothèse de litige opposant l'État et le prospecteur

La précision de l'hypothèse de litige (2.1) nous permet d'en indiquer la procédure et la juridiction de règlement (2.2)

2.1 Précision de l'hypothèse de litige

Dans son dispositif de règlement de litige relatif à l'amont pétrolier, le décret portant règlement d'hydrocarbures ne vise que celui portant sur le contrat d'hydrocarbure et opposant l'État et l'association dite « contractant » ou le prestataire de service ; ce qui exclut de son champ d'application le litige opposant le prospecteur et l'État.

Et pourtant, un litige peut bien survenir entre l'État et le titulaire d'un droit prospection : il peut porter sur les conditions de cessation d'une autorisation de prospection, telles que prescrites à l'article 28 de la loi portant régime général des hydrocarbures ; ou sur celles de la préqualification du prospecteur pour la procédure d'appel d'offres en vue de l'attribution des droits d'hydrocarbures, telles que prescrites à l'article 32 de la loi en question.

2.2 Procédure et juridiction de règlement

Étant liée à l'application d'une autorisation administrative qui est celle de prospection ou à une décision administrative privative d'un droit légal d'être préqualifié, l'hypothèse en question participe d'un litige administratif qui doit être réglé conformément aux voies prescrites en droit administratif.

Donc un prospecteur lésé dispose d'un recours pour excès de pouvoir ou d'une action en réparation des dommages contre L'État. Une telle action est exercée conformément à la loi en la matière devant les cours et tribunaux de l'ordre administratif.

3 Hypothèse de litige d'attribution d'un droit d'hydrocarbures opposant l'État et une société soumissionnaire

Il faut une précision de l'hypothèse de litige (3.1) pour mieux indiquer la juridiction et la procédure de règlement (3.2)

3.1 Précision de l'hypothèse

La participation à une procédure d'appel d'offres crée des droits et des obligations découlant des règles fixées, notamment celles garantissant la transparence, l'équité et l'égalité entre tous les soumissionnaires, de sorte qu'il peut y avoir un litige portant sur l'inobservance de ces règles en défaveur d'un soumissionnaire.

Dans le cas d'une procédure d'attribution d'un droit d'hydrocarbures, il peut y avoir un litige sur les conditions d'exclusion d'un soumissionnaire et d'attribution des droits d'hydrocarbures à un autre, tel que ceci est prévu à l'article 78 du Décret portant régime général des hydrocarbures. Le litige peut aussi porter sur les conditions d'éviction d'une société sélectionnée au terme de l'appel d'offres avant la signature du contrat ou avant son approbation.

Or, tous ces cas sont ignorés par le Décret portant règlement d'hydrocarbures, de sorte que toute société qui se trouve lésée dans ses droits et intérêts légitimes ne trouve pas en droit des hydrocarbures une voie appropriée de recours.

3.2 Juridiction et procédure de règlement

Suivant l'article 78 du décret portant régime général des hydrocarbures, une société soumissionnaire non sélectionnée peut introduire, par lettre recommandée avec accusé de réception, un recours motivé auprès du Ministre pour un règlement à l'amiable.

Il ne s'agit pas là d'une procédure spéciale, mais d'un recours qui participe de la procédure traditionnelle des recours administratifs. Toute décision prise au cours d'une procédure d'attribution d'un droit d'hydrocarbures étant une décision administrative, le litige y relative est également administratif.

Donc une société soumissionnaire qui s'estime lésé peut recourir à la procédure de référés généraux, telle que prévue par la loi portant organisation, compétence et fonctionnement des juridictions de l'ordre administratif.

Section 2
LES RÈGLES RELATIVES AU CONTENTIEUX DES ACTIVITÉS D'HYDROCARBURE EN AVAL

Il faut ici distinguer les activités de l'aval pétrolier exercées en vertu d'un contrat **(§1)**, et celles exercées en vertu d'une autorisation administrative **(§2)**

§1 Concernant les activités exercées en vertu d'un contrat

Il s'agit ici de la fourniture des produits pétroliers **(1)**, du raf-finage **(2)**, de l'exploitation des canalisations et de l'implanta-tion d'une industrie pétrochimique **(3)**

1 La fourniture des produits pétroliers

Ici, les règles de contentieux varient suivant que le fournisseur est une société de droit étranger (1.1) ou une société de droit congolais (1.2)

1.1 Lorsque le fournisseur est une société de droit étranger

Lorsque le fournisseur est une société de droit étranger, le litige résultant de l'exécution ou de l'interprétation du contrat de fourniture des produits pétroliers conclu avec l'État est résolu conformément à l'article 15 du contrat type de la manière suivante :

a) l'obligation de conciliation préalable

Lorsqu'un litige survient, la partie qui le constate en informe l'autre et les deux conviennent des modalités d'un arrangement à l'amiable.

b) signature du compromis d'arbitrage

En cas de refus par une partie des propositions d'arrangement de l'autre induisant l'échec des négociations, les parties signent un compromis désignant une juridiction arbitrale internationale à laquelle ils soumettent leur litige, car le contrat type ne comporte pas de clause compromissoire désignant à l'avance une telle juridiction.

1.2 Lorsque le fournisseur est une société de droit congolais

Lorsque le fournisseur est une société de droit congolais, le litige est réglé comme suit suivant l'article 15 du contrat type :

a) l'obligation de conciliation préalable

Lorsqu'un litige survient, il doit préalablement faire l'objet d'une conciliation suivant les modalités convenues par les parties.

b) recours judicaire

En cas d'échec de cette procédure, la partie la plus diligente peut soumettre le litige aux juridictions administratives, suivant la loi n°16/027 du 15 octobre 2016 portant organisation, compétence et fonctionnement des juridictions de l'ordre administratif ; car s'agissant d'un contrat d'adhésion préétablie par voie règlementaire, le contrat type de fourniture des produits pétroliers est un contrat administratif.

2 Le raffinage

Il n'y a aucune procédure particulière prévue pour le règlement des litiges entre l'État et le raffineur. Ces litiges peuvent porter sur l'exercice des droits ou l'exécution des obligations résultant *du contrat de raffinage* conclu avec l'État et du cahier des charges y relatif.

Ainsi, les parties peuvent convenir dans le contrat de raffinage de voies de règlement des litiges : elles peuvent prévoir de les soumettre à une conciliation préalable, d'opter pour une juridiction arbitrale ou pour les juridictions administratives congolaises. Cette dernière option doit s'imposer en cas de silence du contrat.

3 L'exploitation de canalisation

Comme pour le raffinage, il n'y a aucune procédure particulière prévue pour le règlement des litiges survenant entre l'État et l'exploitant d'une canalisation des hydrocarbures ou entre ces derniers et les tiers usagers.

Ainsi, les parties à un contrat d'exploitation de canalisation peuvent procéder comme dit ci-avant pour celles à un contrat de raffinage.

4 L'implantation de l'industrie pétrochimique

Comme pour les deux cas précédant, la loi ou le règlement sur les hydrocarbures ne prévoient pas de procédure particulière de règlement des litiges entre l'État et un promoteur d'une usine de pétrochimie.

En cas de litige portant sur un contrat d'implantation, les deux parties peuvent donc procéder comme dans le cas d'un contrat de raffinage tel qu'exposé ci-avant.

§2 Concernant les activités exercées en vertu d'une autorisation administrative

Rappelons qu'il s'agit des activités de l'aval pétrolier soumises à une autorisation spécifique, telles qu'exposées ci-avant, c'est-à-dire : l'importation, la commercialisation, le transport et le stockage des hydrocarbures

La règlementation pétrolière ne prévoit pas de procédure de règlement particulière des litiges entre l'État et les bénéficiaires d'une autorisation spécifique d'une activité de l'aval pétrolier, litiges résultant de l'exercice d'un droit ou de l'exécution d'une obligation découlant de l'application d'une telle autorisation.

Donc, ces genres de litige seront réglés suivant la procédure administrative de droit commun, telle que prévue par la loi n°16/027 du 15 octobre 2016 portant organisation, compétence et fonctionnement des juridictions de l'ordre administratif.

Chapitre VII
REGIME DES SANCTIONS DES ACTIVITES D'HYDROCARBURES

La loi portant régime général des hydrocarbures prévoit le régime des sanctions administratives (section 1), et celui de sanctions pénales (section 2)

Section I
SANCTIONS ADMINISTRATIVES

Il faut distinguer ici les sanctions administratives applicables à l'amont pétrolier (§1) et celles applicables à l'aval pétrolier (§2).

§1 Les sanctions administratives applicables aux activités d'hydrocarbure en amont

Il y ici les sanctions administratives prévues, applicables à un contrat de partage de production (1), celles non prévues applicables à un contrat de service et à une autorisation de prospection (2)

1 Les sanctions administratives prévues, applicables à un contrat de partage de production

La loi portant régime général des hydrocarbures prévoit l'annulation (1.1), la réparation (1.2), l'amende (1.3) et la résiliation (1.4). Il faut aussi ajouter la sanction non prévue de refus de renouvellement (1.5)

1.1 L'annulation

Pour mieux comprendre la sanction d'annulation, il faut en donner la définition **(1.1.1)** avant d'en indiquer les causes et effets **(1.1.2),** ainsi que la procédure d'application et l'autorité compétente **(1.1.3)**

1.1.1 Définition

L'annulation se définit généralement comme l'anéantissement d'un acte prononcé soit par une autorité juridictionnelle pour illégalité, soit par une autorité administrative agissant en qualité de pouvoir de tutelle ou de pouvoir hiérarchique pour illégalité[114].

Dans le cas d'espèce, l'annulation est prévue aux articles 43 et 47 point 1 de la loi portant régime général des hydrocarbures, comme l'anéantissement d'un contrat d'hydrocarbure conclu en violation des prescriptions légales et règlementaires.

1.1.2 Causes et effets

Suivant l'article 43 de la loi portant régime général des hydrocarbures, la nullité résulte de la violation des prescriptions légales et règlementaires relatives au contenu d'un contrat d'hydrocarbure ; elle peut aussi résulter, suivant l'article 47 point 1 de la même loi qui n'en précise les causes, de toute violation des conditions de forme et de fond prévues spécialement par la règlementation pétrolière ou généralement par le droit des obligations.

Concernant les causes, l'annulation est une remise en question radicale de l'existence juridique des droits octroyés ; elle a donc un effet rétroactif, c'est-à-dire le droit annulé est sensé n'avoir jamais existé. Si bien que le titulaire ne peut récupérer que les biens meubles investis. Si l'annulation est causée par une fraude lui imputée, il perd tous les immeubles par incorporation et doit restituer tous les fruits issus de l'accès frauduleux.

---

[114] Gérard CORNU, op cit, p. 59

1.1.3 Procédure d'application et autorité compétente

La loi portant régime général des hydrocarbures ne prévoit pas la procédure à suivre pour annuler un contrat de partage de production, de sorte qu'il faille se référer au droit administratif commun pour déterminer le procédé et le pouvoir de sanction.

Ainsi, s'agissant d'un acte de police relevant des prérogatives régaliennes de l'État, l'annulation pour cause d'illégalité ne saurait préalablement faire l'objet de la procédure de conciliation et d'arbitrage prévue aux articles 182 de la loi portant régime général des hydrocarbures et 368 à 372 du Décret portant règlement d'hydrocarbures.

Lorsque l'État constate une cause d'illégalité irrémédiable, affectant la conclusion d'un contrat d'hydrocarbure signé par son représentant, il la signifie au contractant et annule le dit contrat. Sauf le droit de ce dernier d'initier la procédure d'arrangement à l'amiable et d'arbitrage, si le vice est tel qu'une régularisation est possible sans affecter l'ordre public.

L'annulation étant par définition générale un acte pris par une autorité supérieure à celle qui a établi l'acte annulable, elle doit être prononcée dans le cas d'espèce par le Président de la République qui exerce une tutelle d'approbation sur la conclusion des contrats de partage de production, et ce, suivant la procédure constitutionnelle et réglementaire de prise de décision au sein du Gouvernement.

1.2 La réparation

Une meilleure compréhension de la sanction de réparation oblige d'en donner la définition (1.2.1), avant d'un exposer la procédure d'application (1.2.2)

1.2.1 Définition

Suivant l'article 374 du décret portant règlement d'hydrocarbures, la réparation est le fait pour une association dite « contractant » d'exécuter une obligation contractuelle en souffrance ou remédier à une situation préjudiciable, causée par l'inexécution partielle ou totale de cette obligation. Cette inexécution est constitutive d'une cause de résiliation du contrat.

L'obligation visée doit être logiquement celle de faire ou de ne pas faire et d'ordre financier, environnemental, social ou technique.

1.2.2 Procédure d'application

Conformément à l'article 374 du décret portant règlement d'hydrocarbures, lorsque le ministre en charge des hydrocarbures constate l'inexécution d'une obligation contractuelle entrainant une situation de fait préjudiciable, il adresse à l'association dite « contractant » un rappel valant mise en demeure d'entamer la réparation endéans 90 jours.

Pendant ce délai, l'association dite « contractant » qui reconnait les faits doit proposer à l'administration un chronogramme d'actions à entreprendre ou un échéancier, en vue d'exécuter son obligation ou de réparer la situation causée par son inexécution ou ses actes illégaux.

Si l'association dite contractant ne reconnait pas les faits pour lesquels il est mis en demeure, il nait un litige pour la résolution duquel il peut initier la procédure de conciliation et d'arbitrage prévue aux articles 182 de la loi portant régime général des hydrocarbures et 368 à 372 du décret portant règlement d'hydrocarbures.

1.3 L'amende compensatoire

Pour mieux comprendre la sanction d'amende compensatoire, il faut en donner la définition (1.3.1), et en exposer la procédure d'application (1.3.2)

1.3.1 Définition

Telle que prévue à l'article 373 du décret portant règlement d'hydrocarbures, il s'agit d'une sanction financière compensatoire de l'inexécution d'une obligation contractuelle, non constitutive d'une cause de résiliation du *contrat de partage de production* ; elle implique le paiement d'une somme d'argent équivalant à la valeur de l'obligation non exécutée.

Vue l'objet de la sanction, l'obligation inexécutée doit être évaluable en argent. Ce qui veut dire qu'il peut s'agir d'une obligation fiscale que le contractant doit exécuter et payer une amende équivalent au taux légal ; il peut s'agir aussi de toute autre obligation de faire d'ordre environnemental, social ou technique, pouvant être compensée par le paiement d'une somme d'argent.

1.3.2 Procédure d'application

La loi pétrolière n'ayant pas prévu de procédure particulière d'application de l'amende compensatoire, il faut se référer aux règles administratives traditionnelles.

Ainsi le ministre en charge d'hydrocarbures devra constater et signifier à l'association dite « contractant » l'inexécution de l'obligation visée, l'évaluer en argent et lui demander de payer.

L'association dite « contractant » qui consent peut payer immédiatement ou proposer les modalités de paiement. S'il ne reconnait pas les faits, il y a un litige qui doit être réglé suivant la procédure de conciliation préalable et d'arbitrage prévue aux articles 182 de la loi portant régime général des hydrocarbures et 368 à 372 du Décret portant règlement d'hydrocarbures.

1.4 La résiliation

Pour mieux comprendre la résiliation, nous devons en donner la définition (1.4.1), en indiquer les causes et effets (1.4.2), en exposer la procédure d'application (1.4.3) et trouver l'autorité compétente pour résilier (1.4.4)

1.4.1 Définition

Généralement, la résiliation est la dissolution d'un contrat successif opérée soit à l'initiative d'un cocontractant, soit par le juge, soit par convention de tous les cocontractants, ou soit de plein droit pour inexécution fautive.

Telle que règlementée à l'article 374 du décret portant règlement d'hydrocarbures, la résiliation d'un *contrat de partage de production* est sa dissolution prise à l'initiative du ministre en charge des hydrocarbures.

1.4.2 Causes et effets

Suivant l'article 375 du décret portant règlement d'hydrocarbures, les causes de résiliation d'un *contrat de partage de production* sont prévues par ce dernier.

Dans tous les cas, chaque partie a le droit de résilier le contrat en cas d'inexécution fautive et systématique d'une obligation quelconque, d'inexécution d'une obligation essentielle pour le fonctionnement du contrat ou de faillite commerciale du contractant.

Concernant ses effets, la résiliation ne sanctionne pas la légalité de l'existence du contrat, mais son inexécution fautive, la violation de ses prescriptions ou son inopportunité ; elle ne rétroagit donc pas. Tous les effets du contrat, soit tous les droits et toutes les obligations entre parties prenantes générés par son exécution avant sa résiliation restent valables.

Donc en cas de résiliation, les parties devront procéder à une conciliation des comptes en vue d'évaluer leurs créances et leurs dettes nées avant la résiliation et procéder à leur paiement par compensation.

1.4.3 Procédure d'application

Suivant l'article 374 du décret portant règlement d'hydrocarbures, la résiliation intervient en cas de refus du contractant mise en demeure de procéder à la réparation ou de l'inexécution du chronogramme convenu pour cette réparation.

Ainsi le ministre qui constate une inexécution d'obligation constitutive de cause de résiliation prévue au contrat, met l'association dite « contractant » en demeure d'en entamer l'exécution endéans 90 jours.

Si l'association dite « contractant » refuse ou ne parvient à respecter l'échéancier d'exécution convenu, l'État procède à la résiliation du contrat. Sauf le droit pour l'association dite « contractant » de contester les faits et d'initier la procédure de conciliation préalable et d'arbitrage prévue aux articles 182 de la loi portant régime général des hydrocarbures et 368 à 372 du décret portant règlement d'hydrocarbures.

1.4.4 L'autorité compétente pour résilier

Concernant l'autorité compétente pour résilier un contrat de partage de production, l'article 374 du Décret portant règlement d'hydrocarbures désigne le ministre en charge des hydrocarbures pour mettre en demeure le contractant et négocier avec lui le chronogramme d'exécution. Mais concernant la décision proprement dite de résiliation, il parle à son alinéa 3 de l'État.

Dans cette imprécision, il faudra appliquer le principe général de droit de parallélisme de forme. Le contrat étant signé par le ministre en charge des hydrocarbures après la délibération du Conseil des ministres et approuvé par le

Président de la République, sa résiliation devra suivre la même procédure.

Donc la résiliation d'un contrat de partage de production est décidée par le ministre en charge des hydrocarbures après la délibération du Conseil des ministres et soumise à l'approbation du Président de la République.

1.5 Le refus de renouvellement

Bien que non prévu dans le régime de sanctions de la loi sur les hydrocarbures et du décret y relatif, le refus de renouvellement peut s'analyser comme une sanction administrative privative de droit au renouvellement du droit d'exploration ou du droit d'exploitation consacrés respectivement aux articles 50 alinéa 2 et 59 alinéa 2 de ladite loi.

Ainsi en cas de non-respect par le contactant des conditions tant de forme que de fond prescrites par la loi, le règlement et le contrat pour le renouvellement d'un droit d'exploration ou d'un droit d'exploitation, le ministre en charge des hydrocarbures peut le sanctionner par une décision de refus de renouvellement.

La décision de refus de renouvellement est prise par voie d'arrêté délibéré en Conseil des ministres. Le contractant qui s'estime lésé peut initier la procédure de conciliation préalable et d'arbitrage, telle que prévue aux articles 182 de la loi portant régime général des hydrocarbures et 368 à 372 du décret portant règlement d'hydrocarbures.

2 Les sanctions administratives applicables à un contrat de service et à une autorisation de prospection

2.1 À un contrat de service

Concernant le *contrat de service*, il faut distinguer le cas où sa conclusion a donné lieu à la constitution de l'association dite « contractant », conformément à l'article 33 alinéa 2 de la loi portant régime général des hydrocarbures ; et le cas où il n'engage qu'un prestataire de service conformément aux articles 48 et 49 de la même loi.

Si le contrat de service engage une association dite « contractant », il est sujet à l'annulation, telle que définie ci-avant conformément à ses articles 43 et 47 ; ainsi qu'à l'amende, la réparation et la résiliation, telles que définies ci-avant et prévues aux articles 183 et 184 de la loi en question et appliqués par le Décret portant règlement d'hydrocarbures.

Mais s'il n'engage qu'un prestataire de service, il n'est, dans le cadre du droit des hydrocabures, susceptible d'annulation conformément aux 43 et 47 de la loi portant régime général des hydrocarbures. Toutes les autres sanctions sont applicables, conformément au droit général des obligations.

2.2 Les sanctions administratives applicables à une autorisation de prospection

Concernant une autorisation de prospection, la loi portant régime général des hydrocarbures ne prévoit aucune sanction particulière, sauf implicitement celle de privation du droit de préqualification à la procédure d'appel d'offres, qui peut être déduite de son article 32, faisant dépendre ce droit au respect du cahier des charges lié à l'autorisation de prospection.

Ainsi le ministre peut souverainement apprécier la conformité des travaux de prospection effectués par une personne autorisée au cahier des charges. En cas de violation des prescriptions de ce dernier, il signifie au prospecteur la privation de son droit légal de pré-qualification à la procédure d'appel d'offres, attributive des droits d'hydrocarbures.

Cependant, il reste que s'agissant d'une autorisation administative, une autorisation de prospection doit être assortie des sanctions applicables en cas de violation de ses prescriptions ; et dans tous les cas, l'obtention et l'exercice des droits qu'elle confère reste soumis à toutes sanctions applicables en droit administratif, soit le retrait, l'annulation ou la suspension.

§2 Les sanctions administratives applicables aux activités d'hydrocarbures en l'aval

Pour toutes les activités de l'aval pétrolier, les sanctions administratives prévues sont l'amende transactionnelle **(1)**, la suspension du droit d'opérer **(2)**, le refus de renouvellement de l'autorisation ou du contrat **(3)**, la résiliation du contrat **(4)**, le retrait de l'autorisation **(5)** et l'amende administrative **(6)**

1 L'amende transactionnelle

La définition de l'amende transactionnelle **(1.1)** permet de mieux en définir la procédure d'application **(1.2)**

1.1 Définition

Telle que prévue par le code de procédure pénale à son article 9, l'amende transactionnelle est une offre de paiement d'une amende et éventuellement des dommages intérêts, faite par le ministère public à un inculpé d'une infraction punissable d'une peine d'amende uniquement ou d'une peine de servitude pénale et d'une peine d'amende avec possibilité de n'appliquer que la peine d'amande.

Dans le cas d'espèce, l'amende transactionnelle est celle qui est proposée en cas de commission d'une infraction prévue par la loi portant régime des hydrocarbures et punissable d'une peine d'amende seulement, ainsi que celle punissable d'une peine de servitude pénale et d'une peine d'amende ou d'une de ces peines seulement.

L'acceptation de l'inculpé parfait la transaction et éteint l'action publique et éventuellement l'action civile, la victime de l'infraction conservant son droit d'action civile en réparation du préjudice subi.

1.2 Procédure d'application

La procédure d'application part du constat de l'infraction et la proposition de transaction **(1.2.1)**, jusqu'au prononcé de l'amende et la mise en demeure de paiement **(1.2.2)**

1.2.1 Constat de l'infraction et proposition de transaction

Suivant l'article 377 du décret portant règlement d'hydrocarbures, les infractions à la loi et au Décret sur les activités d'hydrocarbures sont constatées par les fonctionnaires du ministère des hydrocarbures ayant qualité d'officier de police judiciaire. Ils établissent à cet effet un procès-verbal.

Si l'agent instructeur estime pouvoir transiger avec le délinquant, il lui en fait l'offre et, en cas d'acceptation, il établit un rapport à l'attention du ministre en charge des hydrocarbures.

1.2.2 Prononcé de l'amende et mise en demeure de paiement

S'il accepte le rapport des faits infractionnels et des offres de transaction, le ministre prononce la peine d'amende transactionnelle et fixe le délai et les modalités de paiement dans le compte du Trésor public.

En cas de non-respect du délai par le délinquant, le ministre le met en demeure de payer dans un délai de 15 jours conformément à l'article 378 du décret portant règlement d'hydrocarbures.

Pour rapprocher la police administrative des opérateurs et faciliter l'application des sanctions, le ministre peut déléguer ses pouvoirs de police à la division provinciale du ministère des hydrocarbures.

2 La suspension du droit d'opérer

La suspension du droit d'opérer est une mesure visant l'arrêt momentané d'une activité de l'aval pétrolier pour toute violation des dispositions légales ou règlementaires.

Suivant l'article 376 alinéa 1 point *b* du Décret portant règlement d'hydrocarbures, la sanction de suspension du droit d'opérer ne peut dépasser 3 mois.

La sanction est prononcée par le ministre en charge des hydrocarbures sur base d'un rapport fait un inspecteur de l'administration pétrolière. Il apprécie souverainement l'applicabilité de la sanction.

Le ministre peut déléguer au chef de division provincial du ministère des hydrocarbures le pouvoir d'application de cette sanction.

3 Le refus de renouvellement du droit d'exercer

Lorsque l'autorisation ou le contrat attributif du droit d'exercer une activité de l'aval pétrolier est renouvelable, le refus de renouvellement peut être une sanction de la violation des prescriptions légales et règlementaires durant l'exercice antérieure, conformément à l'article 376 alinéa 1 point *c* du décret portant règlement d'hydrocarbures.

Le refus de renouvellement est décidé par l'autorité qui a délivré l'autorisation spécifique ou qui a signé le contrat au nom de l'État, lorsque la demande en est faite par le titulaire.

4 La résiliation

Prévue à l'article 376 alinéa 1 point *d* du décret portant règlement d'hydrocarbures, la résiliation vise les contrats de raffinage, de fournitures des produits pétroliers et d'exploitation des canalisations. Elle a dans ce cas la même signification que celle donnée ci-dessus concernant le *contrat de partage de production.*

Les cause de la résiliation peuvent être stipulées dans chacun de ces contrats ou laisser à l'appréciation souveraine de l'administration des hydrocarbures.

La résiliation d'un contrat sur une activité de l'aval pétrolier est décidée par le ministre qui le signe au vu d'un rapport dressé par un inspecteur de son ministère.

5 Le retrait du titre

Tel que prévu à l'article 376 alinéa 1 point *e* du décret portant règlement d'hydrocarbures, le retrait du titre est une sanction privative d'un droit opérer en aval pétrolier octroyé par une autorisation spécifique.

La sanction est prise par l'autorité émettrice de l'autorisation spécifique sur base d'un rapport dressé par un inspecteur de l'administration des hydrocarbures. Les causes relevant de son appréciation souveraine.

Mais conformément à l'article 378 alinéa 2 du Décret portant règlement d'hydrocarbures, la sanction de retrait en cas de mise en demeure infructueuse d'exécuter une sanction d'amende transactionnelle ou de suspension des activités.

6 L'amende administrative

La sanction d'amende administrative est celle prévue à l'article 380 alinéa 2du décret portant règlement d'hydrocarbures.

TABLE DES MATIÈRES

Structures éditoriales du groupe L'Harmattan

L'Harmattan Italie
Via degli Artisti, 15
10124 Torino
harmattan.italia@gmail.com

L'Harmattan Hongrie
Kossuth l. u. 14-16.
1053 Budapest
harmattan@harmattan.hu

L'Harmattan Sénégal
10 VDN en face Mermoz
BP 45034 Dakar-Fann
senharmattan@gmail.com

L'Harmattan Cameroun
TSINGA/FECAFOOT
BP 11486 Yaoundé
inkoukam@gmail.com

L'Harmattan Burkina Faso
Achille Somé – tengnule@hotmail.fr

L'Harmattan Guinée
Almamya, rue KA 028 OKB Agency
BP 3470 Conakry
harmattanguinee@yahoo.fr

L'Harmattan RDC
185, avenue Nyangwe
Commune de Lingwala – Kinshasa
matangilamusadila@yahoo.fr

L'Harmattan Congo
219, avenue Nelson Mandela
BP 2874 Brazzaville
harmattan.congo@yahoo.fr

L'Harmattan Mali
ACI 2000 - Immeuble Mgr Jean Marie Cisse
Bureau 10
BP 145 Bamako-Mali
mali@harmattan.fr

L'Harmattan Togo
Djidjole – Lomé
Maison Amela
face EPP BATOME
ddamela@aol.com

L'Harmattan Côte d'Ivoire
Résidence Karl – Cité des Arts
Abidjan-Cocody
03 BP 1588 Abidjan
espace_harmattan.ci@hotmail.fr

Nos librairies en France

Librairie internationale
16, rue des Écoles
75005 Paris
librairie.internationale@harmattan.fr
01 40 46 79 11
www.librairieharmattan.com

Librairie des savoirs
21, rue des Écoles
75005 Paris
librairie.sh@harmattan.fr
01 46 34 13 71
www.librairieharmattansh.com

Librairie Le Lucernaire
53, rue Notre-Dame-des-Champs
75006 Paris
librairie@lucernaire.fr
01 42 22 67 13

www.ingramcontent.com/pod-product-compliance
Lightning Source LLC
LaVergne TN
LVHW011040061026
849535LV00006B/2101
* 9 7 8 2 1 4 0 2 9 8 5 9 2 *